I0707195

Colecção: **A Revolução das Letras das Crises e dos Direitos**
Autor: **Miguel António Meireles Calejo**

Título 1: **O Diagrama do Conhecimento da Partição Económica e da História**

Subtítulo: **Processo de estudo criado em 2009 para ajudar a produzir conhecimentos.**

Motivo: **Na universidade de Direito onde esteve o autor quase não havia professores de Direito mas apenas políticos e os alunos eram extorquidos por burla entre os directores e a Direcção do Ensino Superior; ou seja, um cartel de falsos políticos e falsos doutores.**

Volume: **VI**
Edição: **1ª**
Edição e Distribuição: **Amazon, EBook Kindle**
Impressão: **Amazon, EBook Kindle**

ISBN EBook: Não precisa.
ISBN Livro Impresso: 9798637580521

Sobre direitos autorais:

Este é o Tipo de Ensino...
Numa das Democracias Europeias.

Na Universidade onde o autor andou, UAL, em Lisboa, quase não havia professores mas apenas políticos, eles tiram tudo aos alunos, os seus direitos, o dinheiro, a autoria de obras e até as invenções, para as colocar em seu nome ou numa família do cartel internacional.

Até desviam as bolsas de estudo para financiar os africanos, sul-americanos e de todos os países nazis ou comunistas, devido à corrupção internacional elevada no ensino, e como meio de escravatura dos alunos portugueses, que são obrigados a pagar as avultadas matrículas antes de conhecerem a decisão sobre a bolsa de estudo e depois expulsos (é a burla perfeita sob a capa de fé-pública).

O autor costuma dizer que na América todos têm armas e por isso todos têm a mesma força inicial e final em caso de denegação de justiça. E assim todos se respeitam uns aos outros com cuidado nas relações sociais. Em Portugal só os autores e cúmplices políticos, funcionários, policias e criminosos as têm, e assim podem gozar à vontade com o Povo.

O DIAGRAMA DO CONHECIMENTO DA PARTIÇÃO ECONÓMICA E DA HISTÓRIA

Ebook e Livro Impresso
1ª Edição

AMAZON / KINDLE

INDICE GERAL

Economia:

"Sendo uma ciência, ela é o comando da vida como invariável fixa da existência, determinando como gerir as necessidades limitadas ou igualitárias em relação aos recursos presentes para que sejam constantes ou ilimitados; ou seja para que os recursos estejam sempre à frente das necessidades, e para que a inovação seja administrada em produção adequada (com custos apenas necessários e sem atrofiar a natureza). As necessidades, direitos e produções devem ser adequadas à protecção da vida e da natureza, e não para o desejo ideológico de uma cultura ou espécie".

O autor diz: """Os imbecis ou esquerdistas fundamentam-se em verdades ideológicas como meio de burla ao Povo, assim querem necessidades e direitos desiguais, por motivos pessoais ou elitistas e o valor do homem sem poder como produto financeiro. Reparemos nesta contradição: Por um lado fundamentam-se na igualdade de direitos mas a contrário afirmam que "As necessidades são ilimitadas e os recursos escassos". Ora os esquerdistas destroem tudo em pouco tempo, porque querem insinuar que as suas manias de poder e riqueza se escondem facilmente ao povo como ignorante"".

Do autor

Qualidade:

"Qualidade, é o grau de utilidade esperado ou adquirido de qualquer coisa, verificável através da forma e dos elementos constitutivos do mesmo e pelo resultado do seu uso."

Do autor

Utilidade:

"**A utilidade** é o grau de rentabilidade ou satisfação que obtemos do uso das coisas, uma medida de satisfação relativa a um agente da economia."

Do autor

As Três Fases
da Verdade Relativa

1ª- Interagir com o entendimento do acto de conhecer;

2ª. Entender o acto de conhecer;

3ª Acto de conhecer ou escola (doença do esquerdismo).

Do autor

III
RESUMO

Esta obra e título próprio representa a passagem do autor pela Universidade Autónoma de Lisboa, curso de Direito, entre 2008 e 2009, de onde foi expulso pelo Estado Português. O autor, com 45 anos de idade, tinha entrado para a Universidade de Direito através do exame para maiores de 23, com uma avaliação de 15 valores.

Desde a Moral e Ética, considerados como os maiores contratos humanos, e daí a reacção violenta quando alguém por falta de cuidado é surpreendido pela sua violação, e passando pela Religião, a Filosofia e a Política, o autor mostra-os claramente o que muitos pretendem mostrar confusamente, incluindo a Etimologia nas suas definições. Você não precisa decorar nada só compreender, saiba que decorar significa aprender uma realidade produzida para ser usado como escravo burro.

E o Diagrama do Conhecimento é representado por um desenho original com uma espiral, para demonstrar o grau da experiência cognitiva desde a antiguidade.

Para sua surpresa, naquela Universidade, segundo o autor, quase não havia professores de Direito mas apenas políticos que iam vender os "seus livros nas aulas", eles tiram tudo aos alunos, aos autores e aos inventores portugueses e colocam em seu nome ou numa família do cartel. Até desviam as bolsas de estudo para financiar os estrangeiros de países socialistas, numa gigantesca revolução ideológica racial com milhares de perseguições e assassinatos por actos simulados, e assim mantendo o nome dos alunos fictícios para lavar as bolsas, ou então mudando nomes como entendem.

O autor diz que "Na América todos têm acesso fácil às armas e por isso todos têm a mesma força inicial e final em casos de denegação de justiça, e por isso todos se respeitam uns aos outros com cuidado nas relações sociais. Em Portugal só os autores políticos e cúmplices, funcionários, policia e criminosos as têm, e assim podem gozar com o Povo à vontade, perfazendo uma função-pública mercenária".

Reparemos que, ao fim de sete meses do início das aulas, no ano lectivo de 2008/9, ainda o aluno (aqui o autor) não tinha a decisão sobre o seu pedido de bolsa de estudo. E em Março de 2009 sai a decisão da Direcção Geral do Ensino Superior sobre a bolsa de estudo que aqui deixamos aos comentários dos leitores e sem mais palavras:
- "Bolsa de Estudo indeferida, aluno não matriculado".

Depois de receber a decisão sobre a bolsa de estudo, o aluno foi até à sede da DGES e provou que estava matriculado, e decidiu a DGES do Estado Português: "… Tem de se inscrever de novo para a bolsa de estudo". Foi nesta altura que o aluno, percebendo que estava a ser perseguido pelo cartel político do Estado Democrático; ou seja, Social/Nazi/Socialista/Comunista como autores e escravos-cúmplices das classes sociais produzidas entre si pelas habituais famílias agnósticas ou terroristas Costa/Santos/Silva/Soares/Lopes/Almeida/Felix, e assim desistiu dos estudos pela perseguição e também por não ter meios económicos de sustentar os estudos. É que em Portugal até a escola e o saber pertence à elite nazi dos ricos comunistas.

Nessa altura o autor já estava na 1ª fase da verdade relativa (interagir com o entendimento do acto de conhecer), e considerado com um percentil de apenas 95% na escala de dotação de inteligência (inteligência superior). Ora, durante as aulas o autor ficou surpreendido com alguma ignorância dos professores; ou seja, com teorias já ultrapassadas na sua cabeça, que afinal justificavam o produto decorado e não a lógica dos acontecimentos.

Na aula que mais gostava, de Economia Política, quando o Professor Donário, talvez o melhor professor daquele estabelecimento de ensino em relação ao estudo do direito e economia, estava a definir a palavra "negligência", dizia ele que "… ser negligente era como ser um bom pai de família…", logo o autor o chamou e pediu-lhe para ler a sua definição de "Amor": "Amor, é o grau de responsabilidade, utilidade e prazer com que lidamos com as pessoas e coisas que conhecemos".

O professor deu uma volta à sala em silêncio e todos o acompanhavam girando as cabeças e interrogando-se sobre o que Ele estava pensar (?), depois parou ao lado do aluno e disse "Está certo isso!".

SOBRE A CAPA DO LIVRO:

Na capa podemos ver alguns dos desenhos originais deste livro, logo a seguir ao séquito relacionados com a divisão das ciências. Ele revela aqui qual é a ciência síntese; ou seja, a que resume todas e a mais importante para a humanidade.

IV

O AUTOR

Inventor e estudioso de várias ciências, tem vários prémios internacionais de criatividade. Mas devido à prosseguição nazi ou comunista e socialista em Portugal, a partir de 1996 (cartel de famílias do poder politico em ditadura escondida sob a capa de fé-pública, que controla os tribunais por corrupção inesgotável a partir da despesa pública das câmaras municipais e que ganha o poder pelo voto pagando a uma parte da população através da escravatura a outra parte), e sem poder por isso trabalhar ou desenvolver qualquer actividade ao ter negado fazer parte do regime, e preso dezenas de vezes em processos-crime encomendados e escondidos (trocados entre um grupo de funcionários, nomeadamente advogados e magistrados impostores e autonomeados), tem levado a sua vida a estudar a relação

espaço/tempo e a fazer novas definições originais para muitos termos de direito penal, que atingem a 1ª fase da verdade relativa.

Saber mais...

Inventor e estudioso o autor tem várias definições publicadas na Wikipédia em Português (exemplos: qualidade, utilidade em economia, crime, etc). Também se dedica à criação de ferramentas para a Internet, por exemplo o AdPrizes+ - Publicidade por Marca de Rede, com os anúncios marcados e pagamento por ciclo de visitas (não por clique), de modo a proteger a economia das empresas. Esta obra foi seleccionada no Concurso Acreditar 2019, do Banco Montepio, tendo sido seleccionada entre 10.340 candidatos.

Neste livro ele também analisa por desenhos coloridos a posição ideológica dos planetas e comprova várias teses que eram mais fáceis de provar mas que eram escondidas pelos regimes políticos, especialmente devido à ideologia nazi ou comunista (os agnósticos ou imbecis), um grandioso e abrolhoso cartel terrorista de famílias do poder político Costa/Santos/Silva/Soares/Almeidas/Felix, vários deles de origem indiana, asiática e africana, que se distribuem por todos os cargos em toda a Função-pública para criar e manter uma ditadura escondida sob a capa de fé-pública, e todos se sustentam em Portugal através da despesa pública e de impostos forjados, corrupção e venda de produtos fictícios, perseguição e escravatura às drogas e prostituição à juventude nas câmaras municipais, escolas e universidades, escravizando a população portuguesa a partir do próprio Governo e da Assembleia da República, onde os partidos similares vendem leis e votos uns aos outros para ganhar maiorias e produzindo leis de burla preparadas para distribuir cargos nas parcerias público-privadas aos agentes de todos os Partidos (a opção para perseguir uma parte da população e assim poder pagar votos a outra parte através de apoios financeiros ou rendimentos derivados de extorsão, por exemplo o Código da Estrada e a máfia do IMT, com a sua rede ou grupo de escolas de condução roubadas aos seus donos e onde os jovens são atacados diariamente).

Trata-se de um cartel especializado no afastamento e assassinato de empresários dirigentes associativos e de directores, falsificação de documentos e impostura. A intenção é colocarem a sua rede a dirigir instituições, empresas, associações e clubes desportivos.

Ao autor retiraram todos os direitos, até a revalidação da carta de condução no IMT Setúbal, através das habituais verdades ideológicas; ou seja, decisões de conteúdo falso negando o contraditório através do abuso de poder ou ditadura (decisões em casa própria por motivos raciais e ideológicos, uma vez que a rede se distribui por todas as entidades e empresas). Regime em que magistrados e advogados são os "testas de ferro e empresários" dos seus próprios negócios e suas famílias e dos políticos e famílias destes. Não há família de advogado que não esteja protegida para fazer o que bem entende e que não tenha emprego fácil numa autarquia ou empresa dos políticos. Por isso é que a Justiça é lenta; ou seja, é lenta porque não existe e porque é preciso preparar a manipulação e a corrupção.

Deste modo, sem poder trabalhar ou desenvolver qualquer actividade desde 1997 porque tudo lhe foi negado, sendo que todas as actividades, e já com várias prisões em sequência durante 17 anos consecutivos, precisamente devido à ditadura da União Europeia e do

Estado Português com um sistema de justiça sombra onde se distribui o cartel e a corrupção inesgotável paga despesa pública das câmaras Municipais em face dos processos-crime encomendados e escondidos (trocados entre um grupo de funcionários daquelas famílias), o autor tem levado a sua vida a estudar a relação espaço/tempo e a fazer novas definições originais para muitos termos ou palavras gerais e especialmente de direito penal.

Todos os estudos do autor atingem a 1ª fase da verdade relativa (inteligir sobre o entendimento do acto de conhecer), tendo ele mesmo definido o Código da Vida e o Código da Intuição.

V
BIOGRAFIA DO AUTOR

1. Dados Pessoais

Miguel António Meireles Calejo
Nascido em 01/01/1963
Aldeia de Paio Pires
Concelho do Seixal
Distrito de Setúbal
Portugal

2. Escolaridade e Serviço Militar

Escola Primária de Paio Pires, 1968 a 1972.
Escola Preparatória Paulo da Gama, 1972 a 1974.
Escola Secundária do Seixal Cavaquinhas, 1974 a 1976.
Seminário Menor de Vila Viçosa, 1977 e 1978.
Seminário Maior de Évora, Escola Secundária André Gouveia, 1978 a 1981.
Escola Secundária Anselmo de Andrade, 1982.

Prova de acesso para maiores de 23, ensino superior, 15 valores, 2008.
Universidade Autónoma de Lisboa, Curso de Direito, 2008 e 2009.

Armada Portuguesa, Curso de ITB-Radarista, 17,82 Valores, 1984 a 1986.
Rádio Escola Álvaro Torrão, Curso de Electrónica, 1982 a 1985.

3. **Profissões desenvolvidas**
Carta de Condução Nº L-1012920, 1981.

Servente de Pedreiro, na ocupação das férias de verão, 1981.
Ajudante de Manobrador de Máquinas, 1982.
Manobrador de Máquinas, 1983.

Técnico de Montagem de TV Korting e aparelhagens Schnnieder, 1983 e 1984.
Empresário em nome individual: Instalações eléctricas, montador de antenas, reparações de rádio, electrodomésticos, pequenos domésticos e ferramentas, 1987 a 2000.

Inventor, 1989 a 2017.
Fundador do Centro de Invenção do Seixal-Associação JuveCriativa Portugal, 1993 a 2000.
Presidente e Coordenador da Associação de Inventores, 1994-2000.

Secretário da Direcção na Sociedade Musical 5 de Outubro,
1993 a 1995.

Guitarrista no Grupo de Baile TopToc, 1992 a 1994.
Professor de guitarra e Bateria, SM5O, 1994/95.

Informática na óptica do utilizador, word, excel, access,
powerpoint.
Gráficos e Web Design, 1994 a 2000, no CIS-JuveCriativa
Portugal.

4. Informática

Conhecimentos aprofundados:
Word, Excel, Acess, PowerPoint.

Produção de Páginas para a Internet - webdesigner.
Abantecart e Boostrap.
Desenho e imagem, logotipos, cartões e folhetos, Corel Draw
e Photopaint.

5. Melhores Aptidões Profissionais

Electricidade, Reparações de aparelhos e ferramentas.
Ciências do Direito Penal, Publicidade, Comércio Online,
Desenho-gráfico e WebDesign.
Abantecart e Boostrap

6. Outras Aptidões

Associativismo, Direito Avançado, Economia Avançada,
Estudos Sociais, Projectos, Coordenação, Comunicação,
Criatividade e Invenção.

7. **Actividades Religiosas**
Grupo de Jovens Igreja de Paio Pires, guitarrista, 1980 a 1998.
Cursilho de Cristandade, 1987.

8. **Política**
Autárquicas 1997, concorrente ao cargo de vice-presidente da
Junta de Freguesia de Paio Pires como independente, a
convite de Luís Rodrigues do PSD.

9. **Outras Actividades**
Várias patentes de invenção registadas
Fundador do CIS-JuveCriativa Portugal
Criador do "Emprego do Estudante" e "Emprego de Verão",
350€ por semana aos animadores: 97/98.
Fundador do protocolo com o "Livro Mundial das Invenções",
de Anne Valerie Giscard D´Estaing, 1998
Criador do "Troféu Internacional Golden Egg", IENA 98 em
Nuremberga
Criador da marca JuveCriativa Portugal, 1995
Projecto "Quiosque Ovo", 1995
Projecto Inventions Team, 2003/4
Projecto "O Circuito da Invenção": Com a "Feira de
Tecnologias" (1996/98, espécie de WebSummit), e o "Show
dos Inventores" (espécie de Sharktank, 2006/7)

Projecto "Jogos de Entretenimento e Promoção", registos de
autor na IGAC, 2011
Projecto "AdPrizes Plus, publicidade por marca de rede e
anúncios marcados", 2015
Projecto Tombola Analógica-Digital, aplicação web para todos
os sorteios e rifas, 2011
Participação em Programas de TV e Rádio, 1991 a 2000
1ª Entrevista na RTP com Judite de Sousa, Jornal da Tarde -
1990.
Entrevistas ou notícias na imprensa portuguesa e estrangeira,
1991 a 2000
Exposições e conferências em escolas e universidades, 1991 a
2000
Exposições na Feira do Empreendedor, Porto e FIL Lisboa,
1991 a 2000

10. Prémio Internacionais

Prémios de criatividade e invenção em Nuremberga,
Bruxelas, Genéve, Paris: Duas medalhas de ouro, quatro
de prata e 6 de bronze, 1990 a 1998.

Premio especial da média francónia, IENA 92 em
Nuremberga,
Inventor com mais medalhas no IENA 92: Medalha de
ouro, 1 prata e 2 de bronze.

Prémio especial da Prefeitura de Polícia ("O Carro sem Chaves", contra atentados à bomba.), Paris 1993.

11. Prémios Nacionais

Prémio Padre Himalaya, Câmara da Amadora e Associação Portuguesa de Criatividade, 1993.
Dois Troféus Gandula, de Wilson Brasil e Gazeta dos Desportos: 1992 e 1993.

12. Obras Principais (não publicadas)

BINET- BI da Internet e assinatura electrónica do cidadão, 2014
A factura Electrónica, E-factura, 2009
O IRS, IRC e IVA Automáticos, 2009
O Diagrama do Conhecimento, da Partição Económica e da História, 2008/9
Teoria da Invariabilidade Inversa e Relativa (2011-18, as novas definições de tempo e espaço, invariabilidade fixa, desgravidade, movimento perpétuo, etc.).
O Treinador Psicológico da Intuição Colectiva, 2011
A Pontuação dos Cinco Escalões - Futebol
As Três Fases da Verdade Relativa, 2004
A Relação Tempo/Existência *versus* Espaço/Tempo, 2013-2019
As 4 Fases da Criação, 2004

O Código da Intuição Humana, 2004

O Código da Vida, 2004

A Pirâmide Forense, 2004

As Definições Certas, 2008/18

O que é o Direito, a Verdade, a Justiça e o Crime, 2008/18

A Justiça Política, 2015

A invariabilidade Técnica da Corrupção, 2015

O Código da Revolução Fria (Orutuf Lagutrop), 2004

Os Seseugutrop na Cidade de Laxies, 2004

A Lei, o Estado e o Estado Sombra sob a Capa de Fé-pública, 2009/18

A Policia dos Direitos Humanos, 2009

Setarkos, a Vingança do Traidor, 2009

A Revolução das Letras, das Crises e dos Direitos, 2004/10

O Egoísmo Ideológico, 2010

A Lei, o Poder Politico e o Estado Sombra, 2010

O Nazismo Negro (historia real de amizade entre dois reclusos, um branco e outro guineense, em que este último conta o que "...Os negros também fizeram aos brancos e que um dia também pode existir o NN-Nazismo Negro..."), 2013 e 2017

O Mal Natural, 2013

A Origem e a Causa da Vida, 2013
A Origem e a Causa do Mal, 2013
Porque se acredita, o que é a Fé, 2013
Criacionismo ou Evolucionismo, 2013
Os 12 Mandamentos, 2013
2015 DV, 2012/13
A Estratégia do Festival, 2015
Várias Empresas e Viagens Num só Bilhete, 2014/16
O Tribunal Sombra, 2017/18
O Particídio, 1996/2018
O Dolo e culpa: Ilicitude, formas de culpa e conformação
Módulo do Pleno Emprego, 2011/2018
Concurso Acredita Portugal, Montepio 2019 - 9ª Edição - Projecto AdPrizes+, Publicidade por Marca de Rede - Seleccionado entre 10.340 candidatos.
As Subcategorias da Separação de Poderes, 2019
A Exploração de menores, 2019
Teoria da Verdade Justa, 2019.

13. Publicações na Wikipédia:

ATENÇÃO: As publicações podem estar revertidas ou alteradas em relação ao original.

A E-factura é um serviço do Portal das Finanças, que permite obter o IRS, IRC e IVA automáticos, em suma a contabilidade automática. É um processo de facturação electrónica criado em 2009 por um inventor português. A ideia era simples, fazer passar o pagamento das facturas automaticamente pelas Finanças e a partir dos terminais multibanco e das registadoras, quando se faz no pagamento de compras e serviços. O processo vai desde o terminal de compras pagas nos terminais AT das lojas e do Multibanco (poderá incluir as transacções bancárias destinadas a pagamentos de compras), e que, ao registar todas as despesas das pessoas e transacções das empresas, com apoio de uma nova máquina registadora e do respectivo programa, realiza a facturação pessoal, a facturação das empresas, o IRS e IRC e o IVA automáticos, simplesmente através da introdução do número de contribuinte ou através da inserção dos dados das facturas no portal das finanças como meio de complemento. A área de actividade e a rubrica de despesa ou da contabilidade nas facturas são automáticas por conter o código do produto. O seu autor chegou a solicitar ao Estado Português que atribuísse um incentivo, tendo em conta que os contribuintes iriam ter de inserir os dados das facturas através do Portal das Finanças. Assim, foi criada a <u>Factura da Sorte</u>, com a atribuição de cupões consoante o valor das facturas, e <u>os prémios eram veículos automóveis.</u> Mais tarde o prémio passou a ser oferecido em <u>Certificados do Tesouro Poupança</u>. https://pt.wikipedia.org/wiki/Fatura_eletr%C3%B3nica

Relação Tempo/Existência versus Espaço/Tempo.
Na teoria de Albert Einstein tem alguns equívocos, porque para haver espaço é preciso primeiro haver tempo, só que para haver tempo é preciso haver uma existência, e por isso é que as existências não são imortais, excepto em outra dimensão.

Não há espaço nem tempo, só existências que os formam.

O espaço não existe, só existe tempo (a existência ou passagem). Porque, ... imagine um corpo sozinho no universo. Onde está o corpo no espaço, onde está o espaço e como é que essa existência sabe o que é o espaço se não há mais nenhuma existência paras reconhecer qualquer espaço entre elas?

Pois é, o espaço é tão só a diferença entre as coisas que existem. Não há espaço, sabemos apenas que o espaço é aquilo que só existe ou se reconhece se algo existir.

Portanto nunca digas "à velocidade da luz "no espaço" mas sim "no tempo", porque o espaço não existe.

A não ser que se considere que o espaço é o infinito o que ainda é mais ridículo porque o infinito é constituído por partes finitas em sequencial.

O espaço e o tempo só existem numa existência e não como um todo, que é sempre a plataforma de outras, a contrário não haveria lugar na plataforma, por exemplo na Terra a subsistência tornar-se-ia inexequível depois de alguns milhares de anos se as pessoas nascessem e nunca morressem.

Por exemplo se um corpo estiver parado e o tempo assim andar mais depressa isso significa que o corpo fica igual apesar do tempo que passou. Ao contrário, se o corpo andar a alta velocidade e o tempo assim andar mais devagar então o corpo envelhece mais depressa, porque a velocidade é o tempo.

Uma coisa é o tempo gasto ou velocidade e outra bem diferente é o tempo da existência. Por isso é que umas pessoas parecem mais velhas do que outras apesar de terem a mesma idade. A mesma idade é o tempo da existência e a velocidade é o tempo gasto para realizar as acções e são estas que...

Andar a velocidade numa nave espacial o corpo está parado, a nave é que vai em velocidade.

A velocidade é o tempo gasto e por isso um corpo parado ou sem velocidade não gasta tempo decorrido mas apenas tempo de existência.

A existência é uma sequência de semi-infinitos; ou seja, de acontecimentos com inicio e fim, pelo que é a existência que produz o espaço, daí que o espaço seja também uma existência.
Se você quiser criar algo tem de ter uma plataforma, por exemplo quer fazer um desenho, a plataforma é uma folha de papel. Você coloca um desenho num local do espaço existente; ou seja, a folha. E vai criando mais desenhos até precisar de mais espaço, e vai buscar outra folha.

E assim sucessivamente; ou seja, primeiro terá de haver uma existência que crie outra na seguinte sequência: 1º A primeira existência criou uma plataforma (folha de papel), depois o homem e depois o lápis e a borracha. Então o homem começou a fazer desenhos na folha de papel e apagava-os quando queria para transformar o desenho à sua maneira.

O local na folha de papel onde criou o 1º desenho é o ponto no espaço e a altura em que o criou até o apagar é o tempo ou existência. Se encher a folha com desenhos, se não os apagar, vai precisar de mais espaço, isto é, de mais uma folha de papel. Portanto para ser criado novo espaço ou expandir o espaço você precisa de algum tempo pois ele é uma invariável fixa; ou seja, somos obrigados a obedecer-lhe, Tal acontece porque nada se cria sem o seu tempo, incluindo o espaço.

Uma certa plataforma e com uma determinada dimensão é o espaço que existe para as respectivas existências. Portanto, essa plataforma foi criada, logo é uma existência (de tempo); ou seja, essa existência é que permite criar outras existências ou ser o meio de colocar outras existências (as coisas, os seres, etc).

O espaço é pois uma existência ou tempo e tudo existe, o tempo e o espaço, porque o tempo é existência, passagem ou acontecimento. Quando num qualquer ponto de uma plataforma se cria algo, por exemplo no canto superior direito de uma folha de papel se colocar um "X", isso quer dizer que tal se criou uma folha de papel para um determinado tempo, o "X" se fez num determinando tempo de criação, e para um determinado tempo de duração. Tudo isso, quem criou a folha de papel, o desenho do "X" foram existências em sequência umas das outras. O "X" não ocupa um determinado espaço mas sim um determinando tempo (ocupa um espaço na plataforma ou lugar e com uma duração de tempo).

Só existem tempos ou existências, o espaço ou vazio é a diferença entre as existências, até porque um espaço ocupado por uma delas pode ser também desocupado mas em qualquer dos casos não deixa de ser um espaço (ocupado ou não), logo assim esse espaço não existe o que existe é a coisa que o ocupa e desocupa.

Tudo existe até o espaço; ou seja, o espaço é também uma existência, daí que tempo e espaço sejam considerados como a mesma coisa. Mas na verdade o espaço não existe, é a diferença entre o que existe e o que não existe.

Numa folha de papel delineie um determinado espaço sem que exista tempo. Você fica parado porque não pode criar nada sem que tenha um tempo.

Delineie na folha de papal uma existência sem representar qualquer espaço.

Relação espaço/tempo/existência ou espaço-vazio e tempo-existência, na "Teoria da Invariabilidade Inversa e Relativa": novas definições de espaço e tempo como invariáveis-fixas da existência. **Espaço**, é a distância entre o que existe, o vazio sobrante e o ocupado porque embora ocupado não deixa de ser espaço (plataforma do tempo e da existência, aquilo que não tem tempo mas que o produz). **Existência**, as coisas, e que por existirem produzem o tempo de si mesmas. **Nós não vemos o espaço mas vemos que há espaço, porque o espaço é a diferença entre a existência e a não existência, pelo que o espaço não existe o que existe é tempo (é a coisa, e a coisa a existência e esta a passagem no mapa de tempo, há as coisas como plataforma ou meio, as coisas que a utilizam e outras que usam as coisas no infinito ou sequência de tempos. Tudo o que não vemos é que é espaço; ou seja, o espaço é tão só a passagem dos tempos, logo só existe**

tempo. O planeta "a" está ali e o "b" está além, pelo que onde é que eles se colocam, no espaço ou no tempo? Não são colocados no espaço porque ele não existe, não são colocados no tempo porque este é a passagem, então onde estão colocados, é num mapa de tempos. O tempo é pois a plataforma do que não existe e o que existe, o tempo onde e o tempo quando. Estamos colocados onde e quando sempre no tempo.

O tempo, é a grandeza ou invariável fixa que produz ao mesmo tempo o espaço geral, o espaço onde e o tempo quando na existência, sendo o período, passagem ou duração das coisas no espaço (variáveis onde, quando e quanto). Tudo está colocado no tempo e para o tempo, até o espaço. Em suma, espaço é tudo aquilo que não é existência porque não o vemos, só vemos que há uma distância entre o que existe (mapa de tempo onde e quando), e tempo é tudo o que existe, incluindo a duração das acções (distância que medeia entre um início e um fim).
Meio, sítio de todas as distâncias iguais ou que fica entre o princípio e o fim.
Centro, ponto que não fica no meio mas onde faz o efeito, ou ponto de equilíbrio.

Nota:
Não há dois substantivos que sejam a mesma coisa, excepto por analogia.
https://pt.wikipedia.org/wiki/Discuss%C3%A3o:Tempo

Invariável Máxima, o desconhecido.

Invariável-fixa, é o que acontece sem ser possível alterar ou determinar, o que está fora do alcance da existência, nomeadamente a criação ou natureza, inclui o espaço, a existência e o tempo.

Invariável, o que apenas se altera com uma nova descoberta, ou uma nova produção ou uma nova realidade natural.

"Utilidade (economia), é o grau de rentabilidade ou satisfação que obtemos do uso das coisas, uma medida de satisfação relativa a um agente da economia."
In O Diagrama do Conhecimento, da Partição Económica e da História https://pt.wikipedia.org/wiki/Utilidade_(economia)

"Qualidade, é o grau de utilidade esperado ou adquirido de qualquer coisa, verificável através da forma e dos elementos constitutivos da mesma e pelo resultado do seu uso."
In O Diagrama do Conhecimento, da Partição Económica e da História.
https://pt.wikipedia.org/wiki/Qualidade

"Amor, é o grau de responsabilidade, utilidade e prazer com que lidamos com as pessoas e coisas que conhecemos, pelo desejo ou vontade de querer e fazer o bem e coisas boas - *In O Diagrama do Conhecimento, da Partição Económica e da História"*
https://pt.wikipedia.org/wiki/Discuss%C3%A3o:Amor

VI
ESTUDOS E CONCLUSÕES ORIGINAIS

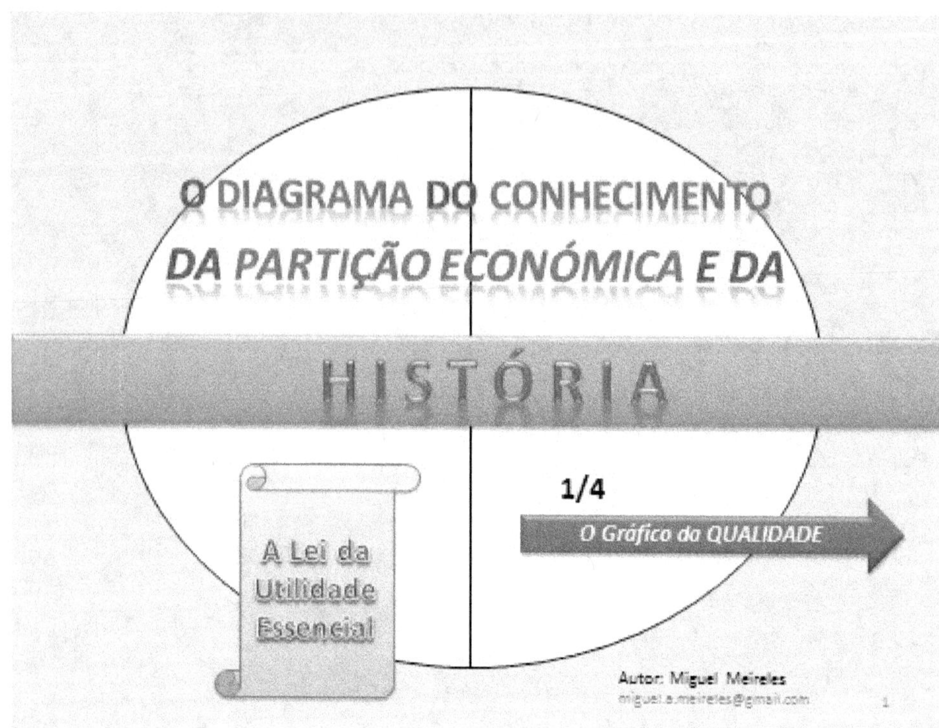

O DIAGRAMA DO CONHECIMENTO
DA PARTIÇÃO ECONÓMICA E DA
HISTÓRIA
A Lei da Utilidade Essencial
1/4
O Gráfico da QUALIDADE
Autor: Miguel Meireles
miguel.a.meireles@gmail.com

Este trabalho pode ser considerado como um processo de estudo para produzir conhecimentos.

O objectivo é criar a
"Economia do Conhecimento",
sistema baseado numa síntese global, seja;
implementar nas actividades económicas
uma experiência cognitiva em trilogia,
como forma mais eficaz de
MAXIMIZAR A UTILIDADE NAS SOLUÇÕES.

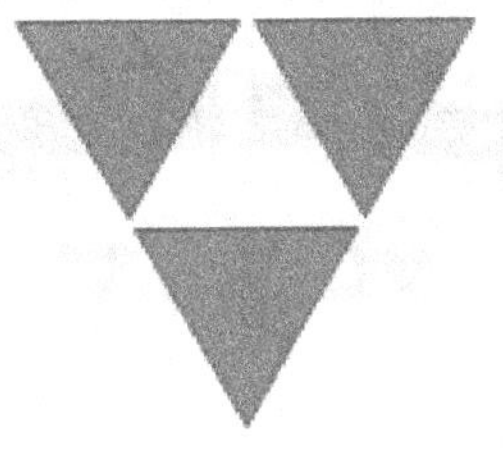

A TRILOGIA NA INVESTIGAÇÃO, NA SISTEMATIZAÇÃO E NA APLICAÇÃO:
A LEI DA
UTILIDADE ESSENCIAL

Séquito I

Na terceira grande ordem económica,
"A Economia do Conhecimento",
já o Universo Humano sabe que
A SOCIEDADE É INDIVISÍVEL,
TUDO TEM DE SER VERIFICÁVEL, TUDO É CIÊNCIA.

A TRILOGIA CIENTÍFICA:

A CIÊNCIA DA VERDADE

A ciência do objecto

A CIÊNCIA DA PRETENSÃO

A ciência da VERDADE

(CAPACIDADE DE IDEALIZAÇÃO)

é O CONHECIMENTO PRESENTE antes da emancipação efectiva DA ciência, baseado num conjunto de *preceitos de culto,* COM UMA metodologia metafórica, que, por insuficiência técnica, explica o ser e o existir ANCESTRAL E MOTIVA O AMOR COMO RESPONSABILIDADE E UTILIDADE (OS SANTOS), MAS sem UMA preocupação verificável SOBRE SI PRÓPRIA, E AINDA SEM CONSCIÊNCIA SOBRE EVENTUAIS EQUIVOCOS (PORQUE NÃO HAVIA NECESSIDADE DELES, APARECERAM EVOLUTIVAMENTE).

AS IDEALIZAÇÕES DERAM LUGAR AO SISTEMA BÍBLICO E AO PRIMEIRO DIREITO CIENTÍFICO, QUE É DEMONSTRATIVO, ALTURA EM QUE A VERDADE SE REVELOU AO MESMO TEMPO QUE A PRÁTICA (NOVO TESTAMENTO), E ASSIM NASCEU O DIREITO *("EU SOU A VERDADE").*

1) <u>A CRIAÇÃO PARA O HOMEM E POR TODAS AS COISAS:</u>

A) A NECESSIDADE DE MORALIZAR A SOCIEDADE E CONDENÁ-LA PELOS SEUS ERROS, A COERSIBILIDADE HUMANA COMO SE FOSSE DIVINA.

B) O AMOR É O NÍVEL DE RESPONSABILIDADE (UTILIDADE E PRAZER) COM QUE LIDAMOS COM AS PESSOAS E COISAS QUE CONHECEMOS.

7

A Ciência do Objecto

é a fase alternativa do conhecimento e da VERDADE RELATIVA DA OUTRA, A REVELAÇÃO DO SENTIMENTO E DA RAZÃO ATRAVÉS DE UMA TÉCNICA EMANCIPADA QUE FORMALIZA A IDEIA, DERIVADA DA NECESSIDADE DE FAZER ACOMPANHAR A HERANÇA DO PENSAMENTO COM O DESENVOLVIMENTO e, mais tarde, como meio de explicar as coisas, SEPARANDO-OS PARA NÃO EXTRAVIAR a sua correlação E, ASSIM, PRODUZIR MAIS CONHECIMENTO, ENCADEANDO O RESULTADO entre a expressão do objecto e a sua NORMA (Facto>objecto>norma) E no APROVEITAMENTO MAIS ÚTIL DA ORIGEM E DA SUA PRÓPRIA FONTE, ÚLTIMA, MAIOR E ÚNICA ENERGIA RENOVÁVEL CERTA, VERSÁTIL (sem custo) E SEM TEMPO, DO CRIADOR E PRODUTIVO:

A MÃO-DE-OBRA NUMA EXPERIÊNCIA COGNITIVA GLOBAL:

"A ECONOMIA DO CONHECIMENTO".

2) A CIÊNCIA PARA A SOLUÇÃO:

A NECESSIDADE DE REALIZAR E TRANFORMAR AS INVARIÁVEIS EM VARIÁVEIS, DESIGNADAMENTE A EXPLICAÇÃO DAS COISAS COMO MEIO VINDOURO E EVITAR O ERRO HUMANO, PARA A SALVAÇÃO, igualmente NUM SENTIDO UNIVERSAL.

A Utilidade é o nível de rentabilidade ou satisfação que obtemos do uso das coisas.
A QUALIDADE é o nível de utilidade esperado.

A Ciência do Objecto

é a fase alternativa do conhecimento e da VERDADE RELATIVA DA OUTRA, A REVELAÇÃO DO SENTIMENTO E DA RAZÃO ATRAVÉS DE UMA TÉCNICA EMANCIPADA QUE FORMALIZA A IDEIA, DERIVADA DA NECESSIDADE DE FAZER ACOMPANHAR A HERANÇA DO PENSAMENTO COM O DESENVOLVIMENTO e, mais tarde, como meio de explicar as coisas, SEPARANDO-OS PARA NÃO EXTRAVIAR a sua correlação E, ASSIM, PRODUZIR MAIS CONHECIMENTO, ENCADEANDO O RESULTADO entre a expressão do objecto e a sua NORMA (Facto>objecto>norma) E NO APROVEITAMENTO MAIS ÚTIL DA ORIGEM E DA SUA PRÓPRIA FONTE, ÚLTIMA, MAIOR E ÚNICA ENERGIA RENOVÁVEL CERTA, VERSÁTIL (sem custo) E SEM TEMPO, DO CRIADOR E PRODUTIVO:

A MÃO-DE-OBRA NUMA EXPERIÊNCIA COGNITIVA GLOBAL:

"A ECONOMIA DO CONHECIMENTO".

2) A CIÊNCIA PARA A SOLUÇÃO:

A NECESSIDADE DE REALIZAR E TRANFORMAR AS INVARIÁVEIS EM VARIÁVEIS, DESIGNADAMENTE A EXPLICAÇÃO DAS COISAS COMO MEIO VINDOURO E EVITAR O ERRO HUMANO, PARA A SALVAÇÃO, igualmente NUM SENTIDO UNIVERSAL.

A Utilidade é o nível de rentabilidade ou satisfação que obtemos do uso das coisas.
A QUALIDADE é o nível de utilidade esperado.

A religião, A Ética, A Filosofia, a Política Ética.

Todas as ciências do objecto

Etiologia, Geografia, Física, Química

Etimologia, Economia, As Ideologias, etc.

Exemplos de Ciências da Pretensão:

As INSTITUIÇÕES JURÍDICAS
que usam as *Pessoas* como ponto de saída ou fontes de si próprias.

Constitucionalistas,
Acórdãos, Jurisprudências, leis do trabalho, obrigações, penais, civis, etc.

Séquito II

O DIAGRAMA DO CONHECIMENTO

Da partição económica

E da História

Séquito II

A ESPIRAL

O diagrama representa-se por uma espiral, mas vamos primeiro ver como ele se interpreta, ainda na 3ª Fase da Verdade Relativa.

a) A bolinha mais pequena (1) marca a fonte, ponto de saída (parto do saber) ou emancipação da intelectualidade sobre a *Criação (ponto de partida)*, representa o estado pré-científico ou "O Presente", que se mantém historicamente porque a sociedade é indivisível ou genericamente invariável na primeira tradição (todos os outros números impares);

b) Na ordem ascendente da espiral, a bolinha nº 2 marca a fonte de emancipação da ciência sobre a intelectualidade (parto do novo saber), e representa o "Passado e o Futuro", assim como os outros números pares;

c) Continuando a ascendência, a bola nº 3 marca o parto da mentalidade síntese sobre as antecedentes;

d) A bola 2 desenha-se propositadamente maior do que a 1 e a 3 é maior do que a 2. À medida que a espiral evolui as bolas vão aumentando de volume altemadamente;

e) As bolas pares representam o "Passado e Futuro" porque incluem o *conhecimento* das bolas anteriores em sequência, em espiral ascendente, dado que a sociedade é indivisível, e as bolas impares representam o "Presente", o momento ou pretensão, uma vez que é um conhecimento de condição constante em razão da invariável inerente a si mesma, expressando a cultura global, e também porque foi a primeira fase do saber, seja; a capacidade de idealizar e imediatamente de utilizar, enquanto as bolas pares são a capacidade de realizar e de transformar.

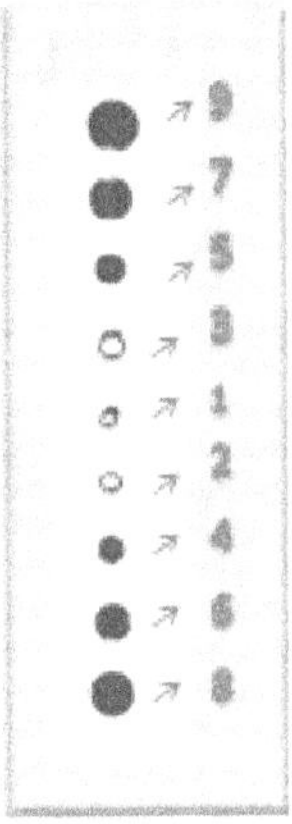

MOVIMENTO ROTATIVO > RODA > ELECTRICIDADE > TRANSISTOR

| Ideia, Capacidade de idealização | Capacidade de realização | Capacidade de Transformação | Capacidade de Utilização |

Imortalidade dependente
Imortalidade independente
Capacidade de idealização
Capacidade de realização
Capacidade de transformação
Capacidade de utilização
Novos universos (extra-terrestres)
HUMANIZAÇÃO
ELECTRÓNICA
SANGUE
ELECTRÓNICO
TRANSISTOR
ELECTRICIDADE
RODA
Movimento
Rotativo
Miguel Meireles
2008/669 1º Ano Direito - UAL
01/11/2008

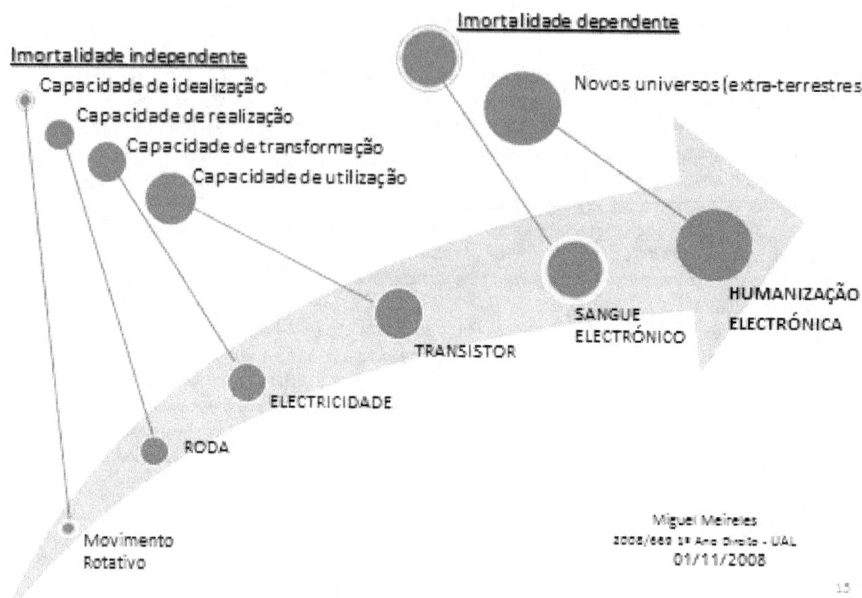

52

ANO
3000 - EXTINÇÃO DA COISA /INCAPACIDADE DE IDEALIZAR- FIM (EXTINÇÃO LENTA).
2500 - PROCESSO COMPLETO DE SUBSTITUIÇÃO DA VERDADE PELA COISA,
01/11/2008
2300
2200
2000
1800
1500
500
MOVIMENTO ROTATIVO
IDEIA- Capacidade de idealização
RODA
Capacidade de realização
ELECTRICIDADE
Capacidade de Transformação
TRANSISTOR
Capacidade de Utilização
SANGUE ELECTRÓNICO
Imortalidade dependente
HUMANIZAÇÃO ELECTRÓNICA
Novos Universos (extra-terrestres)

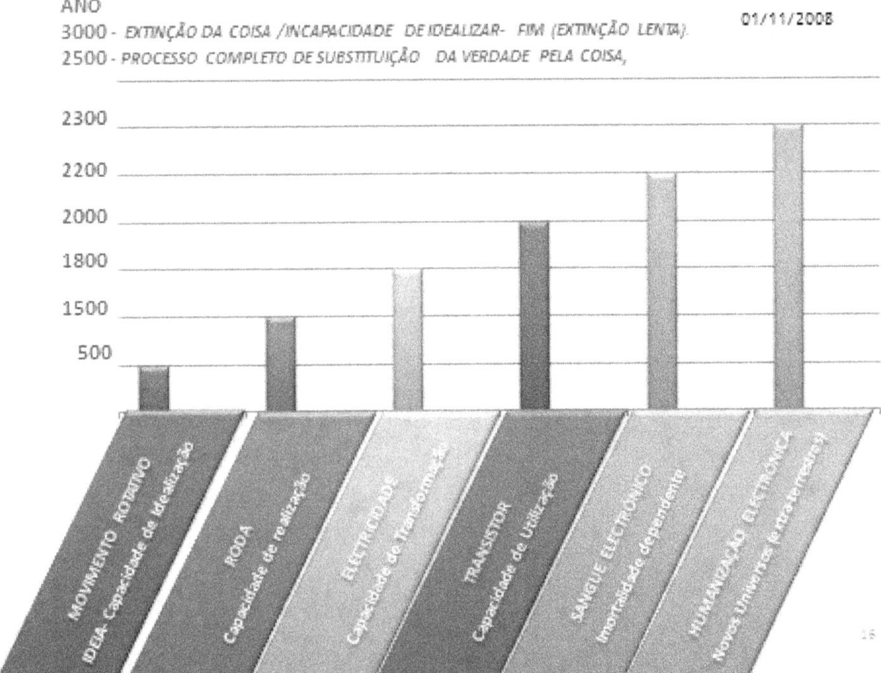

VAMOS AGORA DESENHAR A ESPIRAL
AO MESMO TEMPO QUE TENTAMOS ENTRAR,
COGNITIVAMENTE,
NA *2ª FASE DA VERDADE RELATIVA*
(ENTENDER O ACTO DE CONHECER).

Deixamos pois a *3ª Fase da Verdade Relativa*
(acto de conhecer ou escola).

Não nos cansemos de interiorizar o facto,
até atingir-mos a *1ª Fase da Verdade Relativa:*
Inteligir (definir) sobre o entendimento do acto de
conhecer (ideias baseadas nas três mentalidades):

A experiência cognitiva global.

9
7
5
3
1
2
4
6
8

Desenhar a espiral para sentir o
desenvolvimento humano, ao
enquadrar, intuitivamente, o
aumento do volume das bolas
que representam o aumento dos
conhecimentos, passo a passo, à
medida que andamos no tempo.

Começar pela bola nº 5 a contar de
cima e ligar á bola nº 4, a contar de
baixo, e assim sucessivamente >>>

Ter em conta que cada vez
que saímos das bolas impares,
ou superiores, estamos no
presente e vamos ao futuro
(bolas pares, inferiores) e logo
de seguida o deixamos a ser
passado, para de imediato se
subir a um novo presente!

55

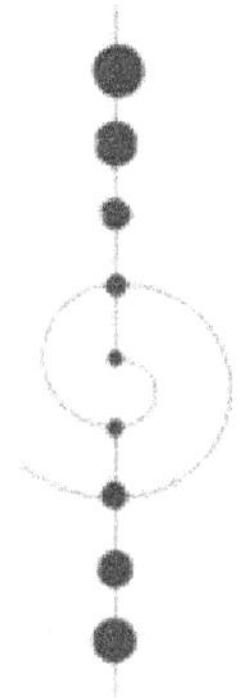

57

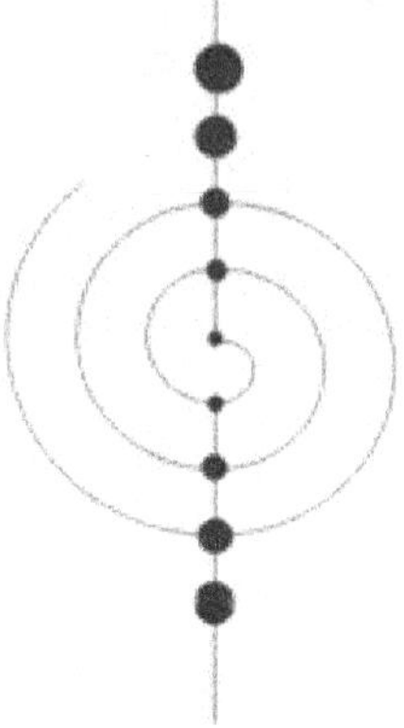

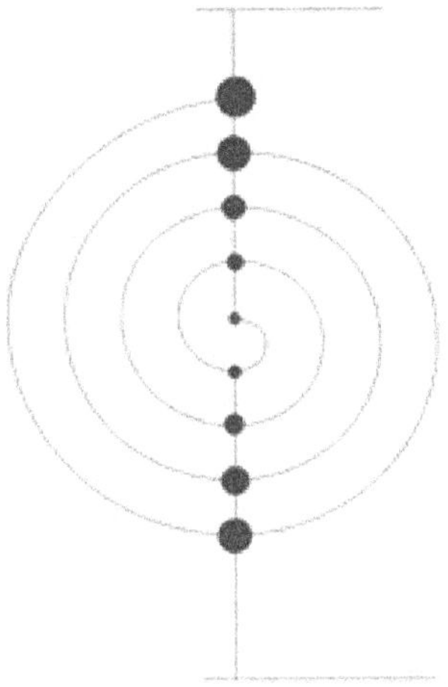

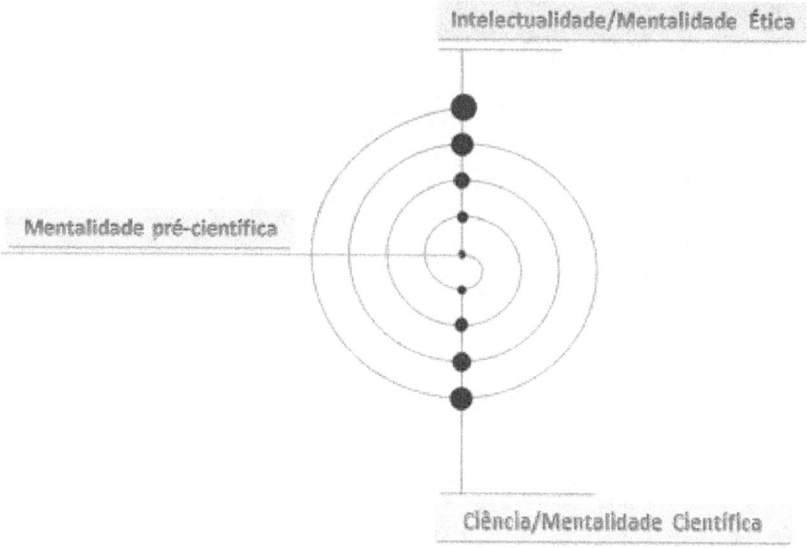

Intelectualidade/Mentalidade Ética
Mentalidade pré-científica
Ciência/Mentalidade Científica

Acompanhar esta descrição desenhando a espiral.

A ascendência na espiral (bolas inferiores ao centro) representam o futuro e passam a ser passado quando se tornam anteriores à respectiva nova ascendência. Assim, temos que a bola nº 1 é o ponto de saída ou fonte, e, em conjunto com as bolas superiores, representam o presente (Intelectualidade/Direito).

Mentalidade pré-científica

A bola nº 2 adquire o passado da nº 1 e é o futuro da nº 4. A bola nº 4 adquire como passado o conhecimento anterior (nº 3, 2 e 1), e representa o futuro da nº 6, e assim sucessivamente Ciência/Experiência.

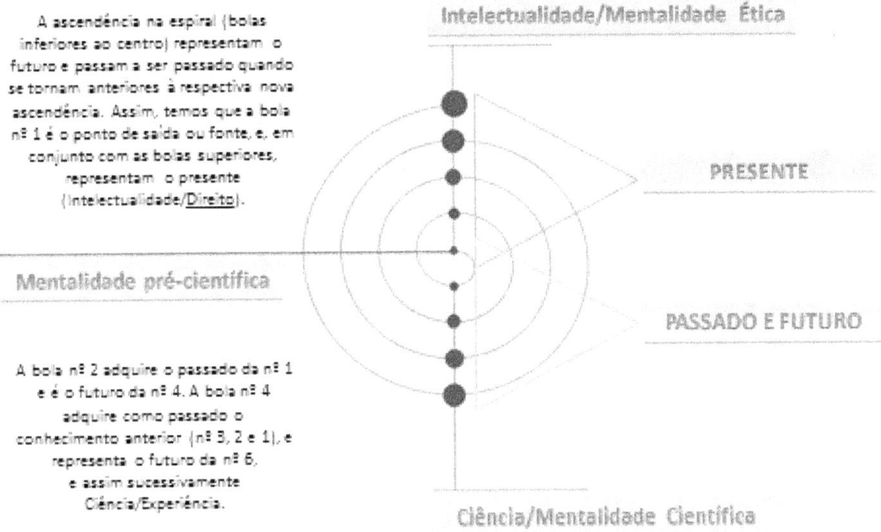

Intelectualidade/Mentalidade Ética
PRESENTE
PASSADO E FUTURO
Ciência/Mentalidade Científica

61

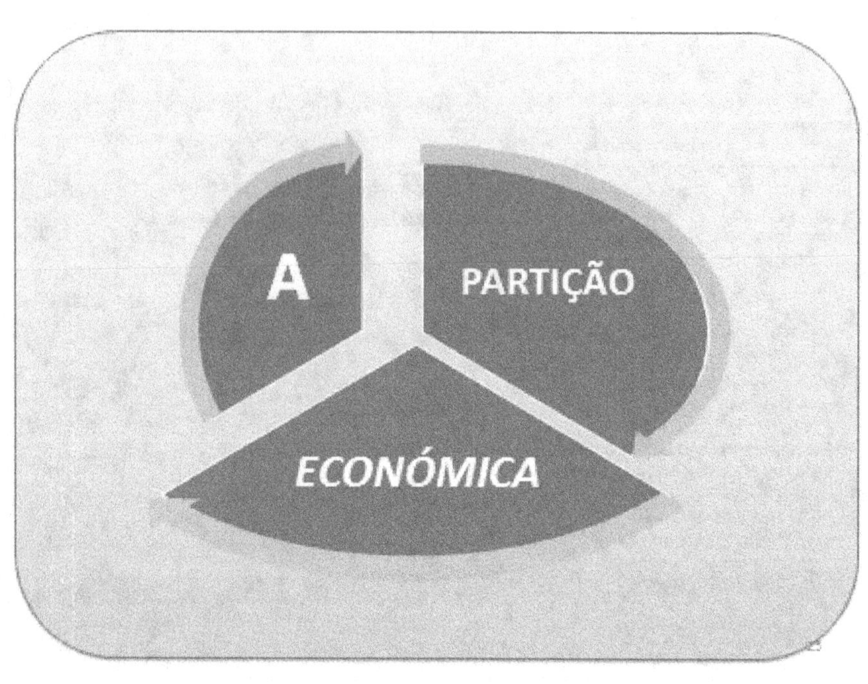

A
PARTIÇÃO
ECONÓMICA

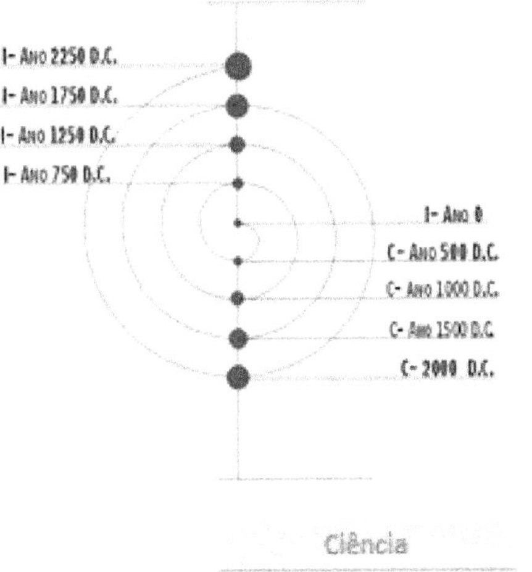

Intelectualidade
I- Ano 2250 D.C.
I- Ano 1750 D.C.
I- Ano 1250 D.C.
I- Ano 750 D.C.
I- Ano 0
C- Ano 500 D.C.
C- Ano 1000 D.C.
C- Ano 1500 D.C.
C- 2000 D.C.
Ciência

ECONOMIA AGRÁRIA

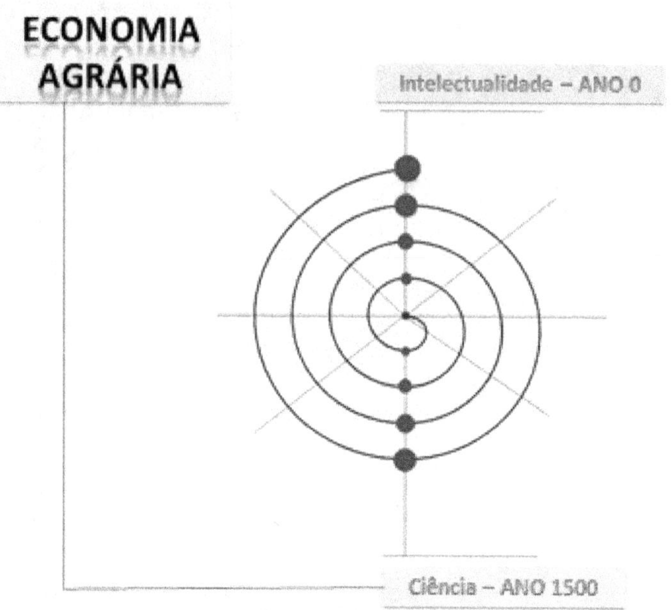

ECONOMIA TECNOLÓGICA

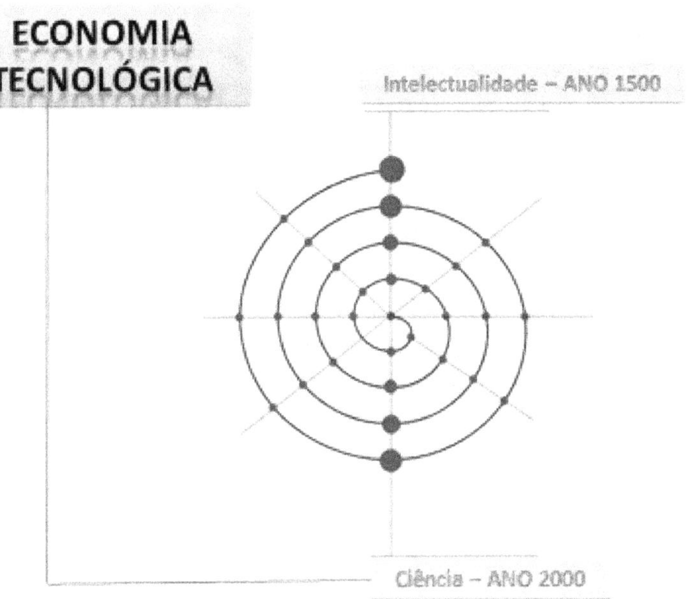

ECONOMIA DO CONHECIMENTO

66

O que é a
INTELECTUALIDADE
e o que é a
CIÊNCIA?

EM QUALQUER MOMENTO, O QUE É QUE FAZEMOS?

PENSAMOS

INTELECTUALIDADE
=
PRESENTE

E DEPOIS DE PENSAR, O QUE É QUE FAZEMOS ?

REALIZAMOS,
PENSANDO.

73

E DEPOIS DE REALIZAR?

Continuamos a
PENSAR.

A CIÊNCIA PASSA A SER!...

PASSADO

ENTÃO O QUE É A CIÊNCIA?

$$C = (P+F) = C$$

CIÊNCIA

=

(PASSADO + FUTURO)

=

CONHECIMENTO

E então o que é a INTELECTUALIDADE?

I=P= C/D
INTELECTUALIDADE
=
PRESENTE
=
CONHECIMENTO/DIREITO

A equação pessoal,
EVOLUÇÃO DO CONHECIMENTO.

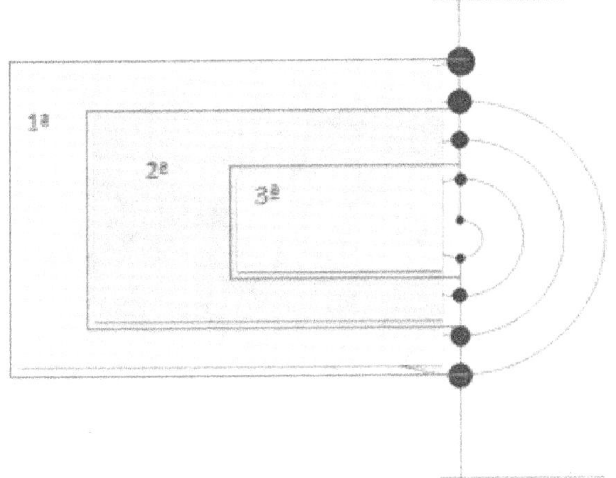

NÍVEL DE EXPERIÊNCIA COGNITIVA
1ª
2ª
3ª

3ª Fase da Verdade Relativa: <u>acto de conhecer ou escola</u>

CONHECIMENTO NORMAL

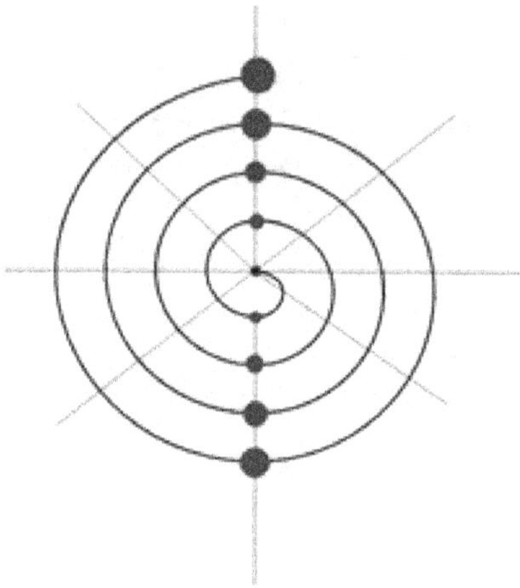

CONHECIMENTO MÉDIO

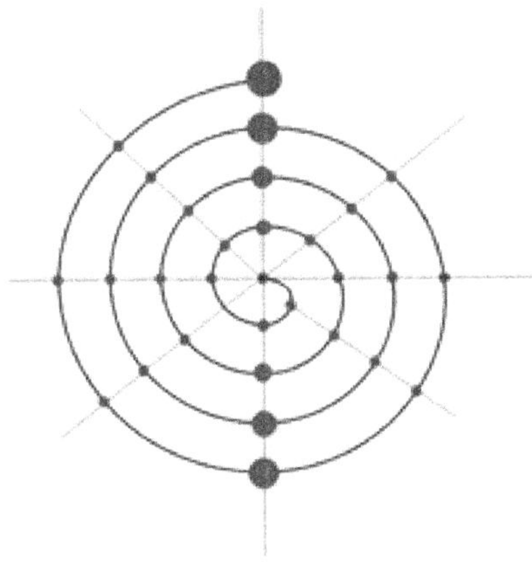

CONHECIMENTO SUPERIOR

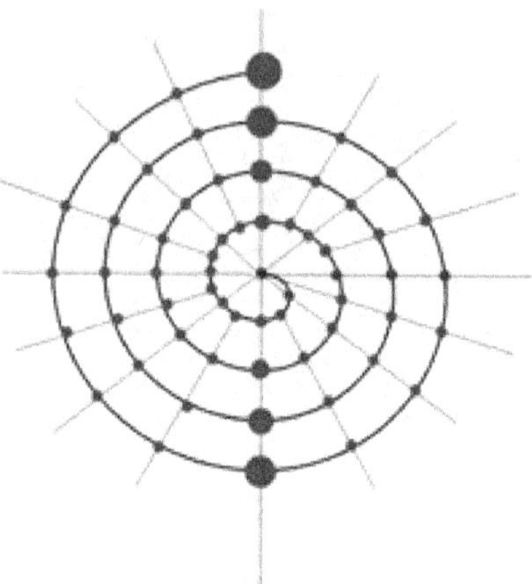

0ª Fase da Verdade Relativa: SÍNTESE (CRIAÇÃO/INVENÇÃO)
Do conhecer+entender+inteligir = saber resolver/responder ("DAR A OUTRA FACE")

CONHECIMENTO SUPREMO = VERDADE/PAZ

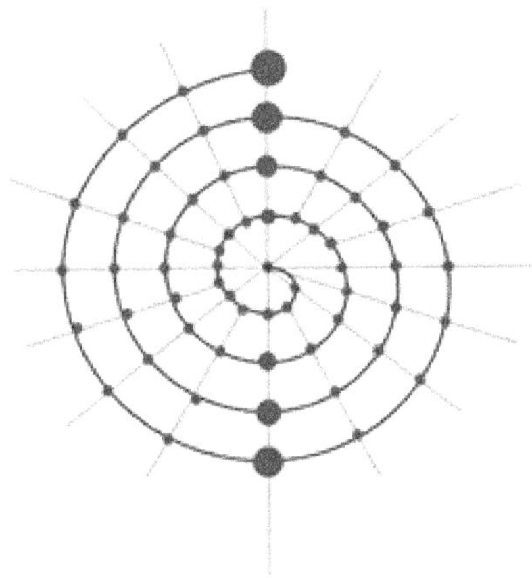

Séquito IV

A sociedade é indivisível.

*O Diagrama do Conhecimento mostra que o
primeiro e terceiro conheceres mantêm a sua essência
através da História, tomam apenas a viagem do tempo,
são invariáveis (os passadores do saber relativo),
em função da Criação ou do Homem, e o outro,
o segundo saber, é variável em função da
necessidade natural de conhecer: sócio-desenvolvimento.*

Tal nos faz pensar que a sociedade é indivisível
em si e que a causa é sempre a mais anterior.

Conclusão:

1º A sociedade é indivisível,
excepto a intuição individual e colectiva,
2º a causa é sempre a mais anterior
3º e a evidência tem de ser verificável.

TESE:
A Trilogia
do Direito Universal.

Quando pretendemos resolver um caso ou elemento, temo-lo como um <u>semi-infinito,</u> ou seja; uma das partes no infinito (com principio, meio e fim). O semi-infinito é as partes que compõem o infinito, logo não infinito para nenhuma das suas partes.

Para resolvermos um assunto colocamos como barreiras a causa mais anterior directamente relacionada e o lodo ou sissomia, é como usar um elemento económico para verificar a sua influência na economia, analisando os dois extremos. Assim, podemos transformar as causas visíveis, ou variáveis de um acontecimento, em *consequências primárias* e descobrir, assim, a primeira culpa ou causa mais anterior directamente relacionada, o dolo racional e real (a invariável).

<u>Isto leva-nos a verificar, muitas vezes, que a evidência verificável é uma ficção,</u> porque a realidade simples pode esconder-se na verdade, <u>há uma invariável que é preciso identificar como fecundação</u> e não tão só como ponto de saída ou fonte, porque a sociedade é indivisível, ou seja; em *Direito Económico* não adianta recorrer á visão imediata dos factos porque, assim, tudo é descendente (não se poupa para a segurança mas aplica-se ao caso um novo caso como medida, o que acaba em lodo social).

Na mesma ordem de ideias, se a curva da indiferença se deslocar para a direita das consequências primárias, podemos descobrir as consequências finais e a base da pirâmide ou lodo/sissomia.

PODEMOS ENTÃO SISTEMATIZAR A REALIDADE INVARIÁVEL E A FUTURA, ATRAVÉS DA REALIDADE DIRECTA?
Esta lógica pode demonstrar-se através da ...   *Pirâmide Forense.*

A Pirâmide Forense

1º- Transformar os factos (causas directas), em causas intermédias (entre a *1ª Culpa* e a *Consequência Última* do caso ou geral) para se saber se houve uma invariável que as iniciou ou causa mais anterior directamente relacionada (primeira culpa – descobre-se normalmente através de um elemento singular coisa única/data, de um acontecimento que possa marcar a diferença entre os dois tempos);

2º- Identificar ou prever o lodo ou sissomia e eventualmente o colapso;

3º- Identificar/prever os prejuízos substituí veis, insubstituí veis e os definitivamente perdidos.

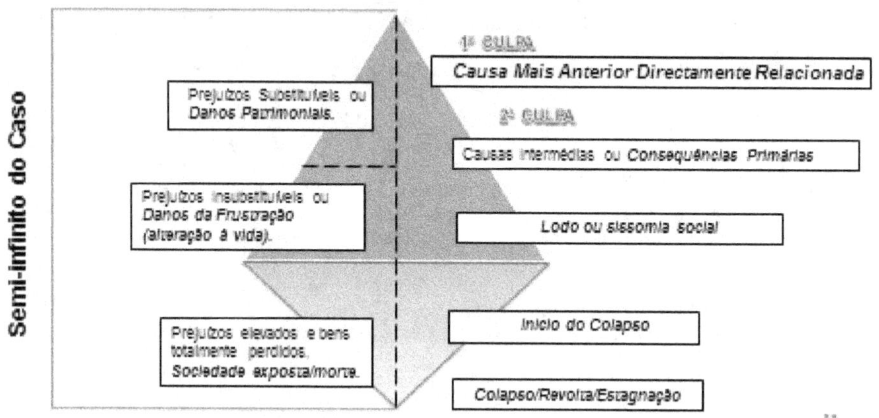

92

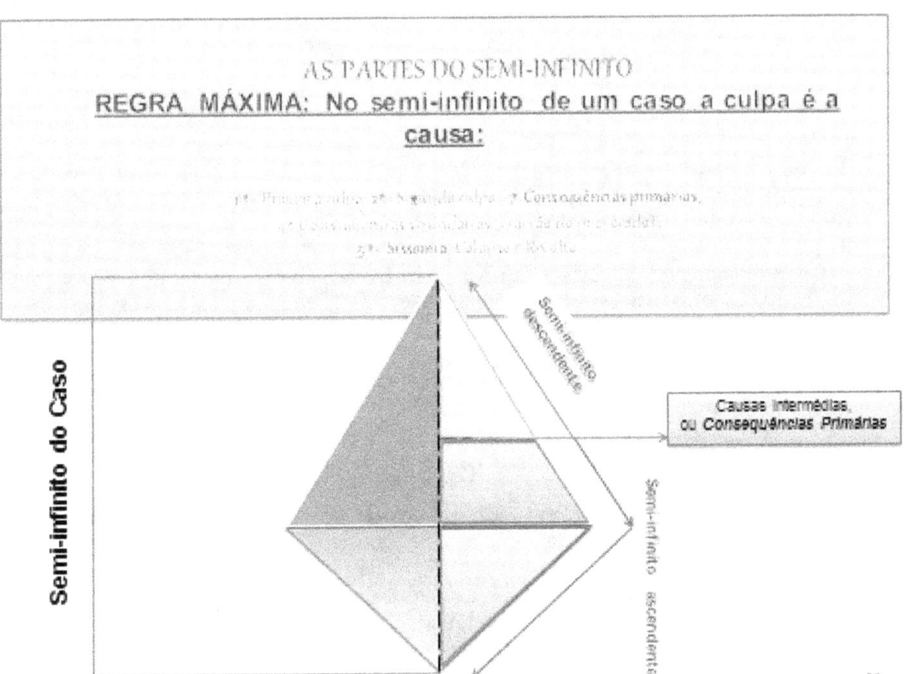

AS PARTES DO SEMI-INFINITO
REGRA MÁXIMA: No semi-infinito de um caso a culpa é a causa:
Semi-infinito do Caso
Semi-infinito descendente
Semi-infinito ascendente
Causas Intermédias, ou Consequências Primárias

<u>Teoria: máxima sanção/mínima probabilidade - sinistralidade aplicada.</u>

A teoria é astuta porque a elasticidade é rígida, daí que o lucro aplicado á sanção sobe porque esta se agrava. Trata-se de uma curva vertical porque o agravamento da sanção não altera significativamente o resultado, a norma é "anguis (latet) in herba".

Causas secundárias ou consequências primárias, são os factos, conhecidos na ficção como causas (evidência verificável, realidade simples ou directa).

EXEMPLO: Causas dos acidentes de viação, excesso de velocidade, consumo de álcool, distracção, sistema de sinalização, condições do piso.

Na *Pirâmide Forense* aquelas causas são conhecidas como consequências primárias (as variáveis/receita da sinistralidade aplicada), logo, há que descobrir a invariável que as criou (o acontecimento único/data), para determinar o semi-infinito descendente e <u>*"Cessante causa, cessat effectus"*</u>.

A *Pirâmide Forense* descobre que a sociedade se divide, genericamente, em 30/70 - 70/30, por isso a redução dos acidentes de viação pode reduzir-se apenas com ausência de até 30%, na *Trilogia do Direito Universal.*

Direito é aquilo que não é torto, ou tudo o que é necessidade e pretensão correcta nas relações sociais, isto é; durante a nossa vida.

Aludindo "Hespanha", a pretensão nas relações sociais é como uma arte de implementar as nossas necessidades e interesses. É como tentar levar a vida para a frente e a direito – utilidade para si mesmo e para o próximo - porque a sociedade é indivisível.

Quando é detectada uma incorrecção ou arrependimento, normalmente o defeito é transmitido ao outro agente para se regularizar a situação em tempo útil, de maneira a não provocar danos maiores. Isto é o principio do Direito (Rectidão na relação com o próximo como forma racional de viver).

Significa, por exemplo, que o egoísmo pode ser um prazer marginal decrescente em sociedade quando provoca a vingança, depois de, alguém, para seu prazer ilegítimo, elevar a arrogância ao extremo através de unidades adicionais abusadoras.

Ao contrário, *a Verdade e os Valores* são uma utilidade marginal crescente em sociedade, porque não provocam, a nenhum dos direitos, qualquer dano efectivo na consciência, sendo certo que todas as unidades adicionais ali baseados nunca fazem decrescer o valor do prazer, dado que a utilidade é ascendente ou livre e infinita a sua curva em função da dignidade da pessoa humana.

Assim, o Direito é acima de tudo uma característica inerente à própria pessoa, tendo-se em conta a sua relação com a natureza, os outros seres e coisas que a rodeiam, mas no sentido de união ou rectidão (utilidade), ou, pelo menos, de ausência de prejuízo efectivo.

É eficaz dizer que justo é aquilo a que a pessoa tem direito, ou que é perpendicular á sua pretensão desde que legítima (sem colisão com outro interesse).

Portanto, na regra, o Direito é a pessoa, assistida a pretensão de liberdade, com probabilidade de sanção directa (aplicação privada e espontânea entre os agentes civis do contrato).

Mas o *"direito-sombra"*, no poder civil e na parte dos *"Glosadores do Estado e das Doutrinas"*, baseia-se numa técnica fechada onde as pretensões são privilegiadas em razão do poder político e económico (*"ius imperii"*) e das instituições reguladas pelas ciências do objecto e da moral.

É assim que surge o carácter estruturante da sociedade em função daquelas três naturezas (trilogia do direito), na nova ordem económica: As *Leis do Direito Público,* as *Leis do Direito Privado* e as *Leis Comuns.*

As leis do direito privado incluem a propriedade privada pessoal, propriedade privada colectiva e a propriedade privada pública.

Então, depois da regra, a Justiça é sistemática (primeiro legal, depois estadual e finalmente transversal - trilogia do Direito):

Justiça = (Parte A + Parte B) – (Estado) – (Dever+Razão+Verdade)
(REGRA) – (PODER) – (NORMA) = DEVER DO DIREITO

Quanto ao Estado Sombra criado por Montesquieu ao separar os poderes, a ideia da separação por si só é maliciosa, tem de ser acompanhada de outro elemento subjectivo político. A não ser assim tal separação, em vez de delimitar o poder do Estado, reparte-o em poderes instalados ou grupos sombra, devido ao facto de se quebrar a indivisibilidade ou hierarquia responsável e ao uso da fé-pública como meio de protecção (retaguarda do crime das familórias do poder político).

Assim, para que haja utilidade na separação de poderes, o requerimento e a análise têm de ser separados do objectivo da decisão sobre a atribuição de deveres e direitos ou moeda. Ou seja, é assim que se garante a imparcialidade. A separação de poderes dos órgãos de Estado sem separar a análise do objectivo da decisão é apenas uma separação administrativa, o que não fundamenta em nada a garantia certa de imparcialidade e de delimitação do poder descentralizado, dado que, o que deve ser separado é a paixão, ou seja, a afinidade entre os interesses, designadamente a separação das partes do semi-infinito do caso, ou seja, das partes que compõem o ciclo administrativo de cada caso. E dizer que o cidadão tem possibilidade de reclamar é outra falsidade porque tal não tem nem deve existir, a não ser por equívoco, isto é, não se pode andar a reclamar todos os dias dos erros feitos de propósito para protelar ou criar mais despesa e escravatura.

O objectivo da decisão é imparcial e responsável quando ele é obtido através do Tribunal Administrativo (ou de Contas), porque são estes tribunais que administram a sociedade em ordem à utilidade agregada/comum,

Então, em digna Justiça, apenas se recolhe que o Direito é a pessoa, assistida a pretensão de Lei, Razão e Verdade, com probabilidade de sanção pública.

1. **Lei,** é essencialmente a compilação do Dever e respectiva regulamentação, a escritura do Estado em forma de textos ou códigos, que vincula todas as partes sem excepção (as leis são um dos meios de reconhecer e aplicar o Direito, são a fonte imediata da Justiça Formal);

2. **Razão,** é o primeiro filtro da Justiça, fundamento cuja jurisprudência se define numa sistematização de valores, conhecido o semi-infinito do caso (1ª culpa, consequências primárias e lodo), designadamente: a Lei, o pluralismo, liberdade, diálogo, natureza, igualdade, garantia, previsão, estabilidade, economia e segurança);

3. **Verdade,** é o último filtro da Justiça, objecto do Bem ou ausência de prejuízo efectivo (vida, utilidade, cuidado, entendimento, contributo, aceitação, prioridade, isenção e dignidade). A invariável de todas as coisas.

> No Direito não sejamos a indiferença nem a diferença, sem inimigos.

Geral: *Conjunto de princípios reais sobre as quais a sociedade se rege a si própria, ou se faz reger com apoio das leis.*

Académica: *Disciplina que se dedica a preparar profissionais juristas.*

Jurídica: *O auxílio público das instituições.*

Justiça = Leis > Direitos

Regra = Direitos > Leis

Direito= Direito

1. Justiça formal, é a aplicação da síntese de todos os direitos (da lei, da razão e da verdade), obrigatoriamente e através da força e em tempo útil, face aos prejuízos substituíveis e prevenção dos prejuízos insubstituíveis e definitivamente perdidos.

2. Justiça Informal, é a aplicação dos conhecimentos, das convicções, da forma de entendimento das coisas, da expressão e da capacidade de solução individual para garantir a pretensão, em liberdade, tendo como norma geral a Utilidade Directa e o Tempo-real (estado de necessidade e legitima defesa).

3. Poder Judicial, instituição que administra a justiça em tempo útil (filtra determinadas ordens do poder executivo antes de chegar aos particulares ou as petições destes que merecem especial contestação em razão do perigo não reconhecido pelos agentes públicos, como meio de assegurar a administração da justiça antes da administração do crime consumado, é função da liberdade, igualdade, estabilidade económica e segurança).

<u>O Direito é as Pessoas</u> (o auxílio, pelo poder dos poderes)!...
<u>A Vida é a primeira Lei.</u>

NÃO HÁ FONTES DE DIREITO MAS SIM FONTES DA JUSTIÇA ou equações do direito.
O Direito não tem fontes porque ele é uma equação fecundada, a capacidade de idealização, a verdade, e não o nascimento da lei, ou da razão.

1. Fontes da justiça formal:
a)   As leis, a razão e a verdade;
b)   Os conhecimentos, as convicções e a forma de entendimento das coisas, da expressão, da capacidade de solução individual e a forma e tipo de pretensão, em liberdade;
c)   As ciências do Direito, designadamente a natureza e os seres, e a doutrina, a jurisprudência, as ciências políticas, as ciências económicas, as ciências da moral e as ciências do objecto.

2. Fontes da justiça informal:
b)   Os conhecimentos, as convicções e a forma de entendimento das coisas, a expressão e a capacidade de solução individual e o tipo de pretensão, em liberdade (estado de necessidade e legítima-defesa).

3. Fontes das Leis:
c)   Todas as outras mais as ciências políticas.

CAUSAS DA CONCLUSÃO - *SEMI-INFINITO DESCENDENTE E ASCENDENTE*

1. Quem é o Direito?

A natureza, os seres e as suas coisas (as invariáveis e variáveis económicas).

2. O que é Direito?

A Verdade (a invariável mãe).

3. Como é a Justiça?

A Justiça é a aplicação do que é o Direito nas suas próprias fontes.
(A aplicação do Direito a quem ele é ou a quem ele representa — a verdade a quem pertence)

65

102

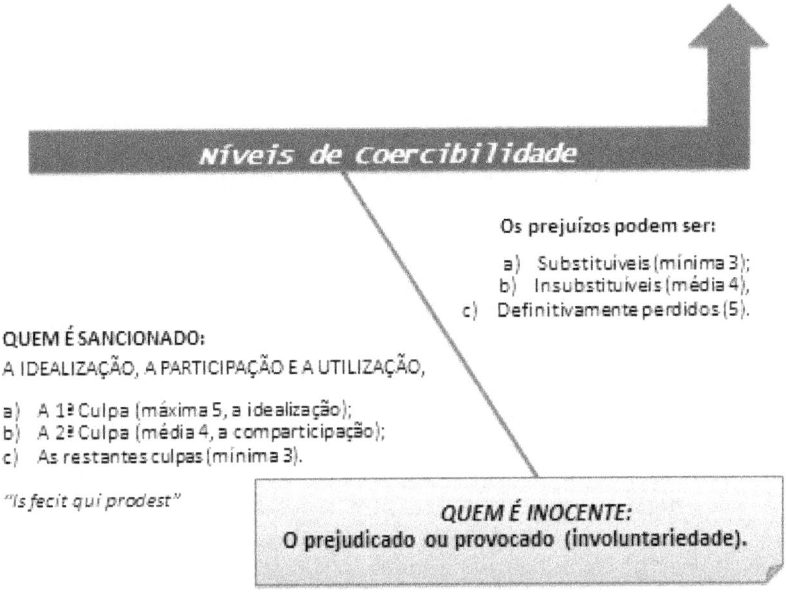
Níveis de Coercibilidade
Os prejuízos podem ser:
a) Substituíveis (mínima 3);
b) Insubstituíveis (média 4),
c) Definitivamente perdidos (5).
QUEM É SANCIONADO:
A IDEALIZAÇÃO, A PARTICIPAÇÃO E A UTILIZAÇÃO,
a) A 1ª Culpa (máxima 5, a idealização);
b) A 2ª Culpa (média 4, a comparticipação);
c) As restantes culpas (mínima 3).
"Is fecit qui prodest"
QUEM É INOCENTE:
O prejudicado ou provocado (involuntariedade).

Crime é o conjunto de pressupostos dos quais depende a aplicação de uma pena ou medida de segurança, designadamente a culpa.

No entanto as leis, por exemplo as nacionais, só contemplam a ilicitude a partir das suas fontes, da nascente do acto, onde ele se manifesta ou vê no ponto de saída, ou seja; não inclui a sua essência (a fecundação/invariável).

É ASSIM QUE AS LEIS PORTUGUESAS PROMOVEM A CRIAÇÃO DE MILHARES DE CRIMES POR DIA, PROCESSOS ATRÁS DE PROCESSOS, UMA VEZ QUE A FECUNDAÇÃO DE CRIME É UM ELEMENTO INVARIÁVEL E POR ISSO MESMO DESCONHECIDO NA EXPERIÊNCIA COGNITIVA DO CIDADÃO COMUM, QUE A MAIORIA DAS VEZES NEM SABE EXPLICAR O QUE ACONTECEU.

POR EXEMPLO, O FABRICO E INSTALAÇÃO DE SINAIS DE TRÂNSITO FALSOS, PARA CRIAR CONTRA-ORDENAÇÕES FALSAS ENTRE A REDE DE AGENTES ENVOLVIDOS, É PRÁTICAMENTE IMPOSSÍVEL DE ACREDITAR. NO ENTANTO, É O DIA A DIA EM PORTUGAL EM FACE DO AGRAVAMENTO DAS SANÇÕES (MÁXIMA SANÇÃO/MÁXIMA CORRUPÇÃO).

EM PORTUGAL, CRIMINOSO É O QUE RECEBE A DETERMINAÇÃO, BASTA TENTAR DEFENDER-SE PARA SER ACUSADO DE CRIME.

A primeira revolução da Economia do Conhecimento é A Revolução das Letras.
É urgente desfazer os equívocos humanos para que o entendimento seja global, o mais aproximado da realidade certa (sinónimo certo). Ao contrário, quanto mais globalização mais confusão. Os equívocos desfazem-se alterando os significados metonímicos, bipolares e sofistas das palavras, também as teorias económicas do mesmo género criadas por famílias políticas burguesas e designadamente dos capitalistas e dos comunistas, situações que impregnam os dicionários escolares e universitários.

A 2ª é A Revolução das Crises e a 3ª A Revolução do Direito

1ª A Revolução das Letras: As palavras abstractas não têm nenhum sinónimo sem os subjectivos que lhe dão uma substancialidade definida. Isto é, toda a palavra abstracta não tem significado possível se não for acompanhada das respectivas sub-ciências conhecidas e provadas pelo nexo consequencial certo.

Por exemplo a palavra "crime" não tem sinónimo mas apenas uma abstracção astuta e potencialmente perigosa. De facto a palavra não diz nada sem se saber se estamos a falar do crime ilegal ou do crime legal. Porque um determinado facto conhecido como crime, relativo à norma penal estabelecida, pode ser um facto produzido por um agente humano, pela natureza ou contingência. Assim, pode gerar outros actos também criminosos e obrigar à defesa ou legítima defesa (ao acto provocado). Assim, o crime ilegal é o acto ilegal intencional, sem causa que o tivesse legitimamente despoletado.

Nota: Uma palavra não pode ter significado divergente consoante a sub-ciência onde é aplicada, não pode significar uma coisa para o Povo e outra para o Magistrado, pois assim só este terá o poder.

Conclusão, os sinónimos da palavra "Crime" devem ser substituídos por: acto prejudicial realizado, omitido ou negligenciado ilegal ou legal, independentemente de quem o praticou. Crime ilegal é o acto doloso ou com culpa e crime legal o acto ilegal mas legítimo, por ter sido efectuado em legítima defesa, devido a uma provocação ou influência sobre a vontade, ou por manifesta necessidade.

Propriedade: *Primeiro nasceu a palavra "propriedade", depois a palavra "propriedade privada" e agora as palavras "propriedade privada pessoal, propriedade privada colectiva e propriedade privada pública". Assim, os sinónimos devem mudar para: integridade pessoal e material referente aos bens adquiridos na constância da vida (provenientes de necessidades constantes). Ou propriedade colectiva (as associações sem fins lucrativos sem apoios do Estado mas apenas originados nas actividades e objectivos ou apoios da propriedade privada pública com um tecto máximo por cada categoria e âmbito (a propriedade privada pública é as empresas cujo lucro pertence ao Estado).*

Na realidade certa, Max não se referia à propriedade privada pessoal mas apenas à propriedade privada corporativa de uma elite político-económica: Os Capitalistas. Naquela época era a única propriedade conhecida e não incluía a propriedade pessoal, isto é, os bens adquiridos durante as necessidades constantes da vida.

No entanto, ao não identificar no Manifesto a que propriedade se referia em concreto, Marx criou equívocos nefastos para a sociedade e uma guerra crónica ilegítima (a luta de classes e a revolução socialista, com a a consequente desigualdade formada pela metonímia dos seres). O equívoco transformou a propriedade pessoal e do direito natural na propriedade mais fácil de obter pelo poder, porque é a propriedade das necessidades e, por isso, onde está o investimento assegurado e distribuído, pelo que adquirido se torna numa riqueza infinita.

<u>*A ideia de Marx é pois tornar a propriedade pessoal em propriedade única ou colectiva e do Estado, isto é, ficar escondida sob a capa de fé pública a propriedade pública como privada de um grupo, separando a economia global em duas: A economia do estado ou Comunismo e a economia dos restantes cidadãos.*</u> *Aqui se verifica a prática de todos os actos mas sob a capa de fé-pública, ou seja, convencidos da sua ideologia os membros do Estado ou do grupo agem por definição e não por razão, muito menos com verdade. A Palavra "Verdade" não existe no Manifesto, embora seja a Verdade a causa que garante os objectivos de todos os seres e uma vez que ninguém não deseja a verdade para si mesmo.*

Na verdade, a propriedade seja ela qual for só pode ser retirada por decisão judicial e não por um grupo ou facção, tenha ela os motivos que tiver pois a justiça pratica-se através do direito e da justiça e não por manias ideológicas.

Errado: "A história de todas as sociedades humanas existentes é a história da luta de classes".
Errado e altamente perigoso: "Uma revolução proletária acabaria por derrubar a sociedade burguesa e, através da abolição da propriedade privada, criaria uma sociedade sem classes, sem Estado, e pós-monetária".
Errado: "A propriedade privada é o direito que assegura ao seu titular uma série de poderes, sendo que o seu conteúdo constitui objecto de estudo pelo direito civil".

Mas qual propriedade privada?
A igualdade nunca é determinada pela inexistência de classes porque as classes representam precisamente a igualdade e a liberdade, ou seja, o desenvolvimento de cada um segundo a sua capacidade (igualdade) e as suas escolhas (liberdade), desde que as oportunidades sejam idénticas e garantidas. As oportunidades são idénticas se inexistirem discriminações de rendimento e entidades privadas de poder público ou administrativo, normalmente criadas entre familiórias do poder administrativo para receber os apoios do Estado (da sua própria gestão) e ficarem também com o lucro da actividade (ex: as universidades, clínicas e outras empresas PPP).

Essa inexistência de classes só se realiza em abstracto e se acompanhada do <u>salário igualitário</u> (mínimo, médio e máximo, consoante a experiencia cognitiva ou idade e nunca pelo nível académico porque pode ser falso e gerado por fraudes), da <u>proibição do lucro pessoal</u> e da garantia da <u>propriedade privada pessoal</u> (os bens pessoais obtidos em necessidades constantes durante a vida), da <u>propriedade privada colectiva</u> (as associações sem fins lucrativos sem apoios do Estado mas apenas originados nas actividades e objectivos, ou então os apoios da propriedade privada pública com um tecto máximo por cada categoria e âmbito) e da <u>propriedade privada pública</u> (as empresas, cujo lucro é do Estado para investimentos, por exemplo apoios definidos e com tectos previamente estipulados).

<u>O salário é igualitário se for atribuido não por oportunidade mas pela qualidade (nível de rentabilidade esperado) da pessoa humana</u> (salário mínimo, salário médio e salário máximo, consoante a experiencia contributiva da pessoa).

Apenas os empreendedores podem ter um prémio de esforço ou de criatividade.

Os cargos públicos, devido ao seu esforço de responsabilidade e voluntariedade, em ordem à verdade política, não podem ter senão o salário máximo em qualquer idade e as ajudas de custo adequadas, pois de outra maneira não existiria motivação nem voluntariedade. A motivação e a voluntariedade devem coexistir, pelo que os seus salários jamais poderão ser ilimitados ou escolhidos entre os membros. Sob pena de revolta global.

Os tectos dos salários são escolhidos pelo Tribunal Administrativo, porque são os tribunais que administram a justiça e não os sócios da lista do próprio Estado.

Todas as pessoas se gerem pelo seu salário líquido e não pela obtenção de oportunidades derivada do lucro. O lucro é o investimento das empresas que pertence ao Estado e só pode ser usado por sua ordem ou necessidade.

O salário líquido é inviolável, não é passível de qualquer imposto directo pois é ele que determina a liberdade e a igualdade.

Os impostos indirectos sob o salário (comunicação, transportes, água e energia) são tornados comuns porque a sociedade é indivisível e tem de ser responsável. Para isso, o uso destes bens é gratuito até determinado volume e paga apenas a parte marginal da utilidade pública - ex: água e energia para todos em ordem à utilidade responsável, se apenas for paga a partir de um determinado valor de consumo pago ascendentemente e de forma o mais elevada possível se que se retire a utilidade inicial).

<u>A teoria do utilizador pagador é uma fraude capitalista</u> e tem de ser abolida, porque nem todos têm o mesmo salário e tais pessoas podem precisar desses direitos para atingir os objectivos da utilidade económica.

71

Outra teoria capitalista falsa é relacionada com o problema económico. O capitalista diz que as necessidades são ilimitadas e os recursos escassos, mas não fundamenta esta alegação. É uma teoria falsa e altamente astuta porque o que o capitalista pretende é que os lucros sejam ilimitados tendo necessidade de criar necessidades ou produtos mesmo que sejam desnecessários.

Porque a Economia é a estrutura da qualidade de uma comunidade (qualidade de vida em termos gerais), consiste na boa gestão dos recursos pré-existentes em face das necessidades constantes da vida e dos provenientes do investimento agregado, ou seja, dos recursos produzidos a partir da primeira economia, tal é feito pela própria economia agregada das pessoas e entidades (a sociedade na troca de bens e moeda).

Os investimentos na própria economia são obtidos nas suas necessidades, já a poupança e o lucro são a reserva agregada dos cuidados e investimentos feitos nas necessidades básicas, para prevenção da utilidade futura. Assim, as necessidades das pessoas nunca poderiam ser ilimitadas, ou seja, as necessidades são adequadas à poupança e lucro necessário porque são constantes (é pois um contra senso dizer-se que as necessidades são ilimitadas, excepto numa análise a longo prazo para organizar a própria gestão, ou então quando se compara uma comunidade desenvolvida tecnologicamente com outra comunidade não desenvolvida).

De facto, as necessidades são iguais aos recursos, ou seja, quanto menos ou mais recursos são disponibilizados menos ou mais necessidades se criam, mas isso não significa que as necessidades sejam ilimitadas, ou seja, as necessidades são constantes porque a sociedade é indivisível das existências. Também é igualitária se não existir moeda, poder pela força, qualquer tipo de riqueza, ou outra forma de poder mais elevado em relação ao normal.

Também <u>nunca houve uma luta acentuada contra a escassez mas sim contra a dificuldade de se obterem bens</u>, o que é completamente diferente.

Portanto as necessidades são ilimitadas apenas a longo prazo, ou seja, no todo de uma geração, e não a médio prazo. <u>A curto prazo temos as necessidades básicas e urgentes</u>, mas isso não significa que sejam ilimitadas ou que os recursos sejam escassos. Na realidade certa os recursos existem para todos, a questão principal é o nível de dificuldade em os obter e não a sua escassez, designadamente a distância, a técnica, etc. Porque a obtenção dos bens exige <u>o tempo, isto é, o esforço ou custo que medeia entre o início e o fim de uma acção.</u>

Conclusão: O problema económico do homem sempre foi como gerir os bens/recursos existentes ou produzidos perante necessidades constantes (urgentes ou não). Dividindo as necessidades urgentes, as necessidades básicas, as necessidades de bem-estar e as necessidades supérfluas, temos quatro níveis de necessidades em que apenas a duas última se pode considerar ilimitada e a penúltima uma necessidade semi-ilimitada.

A teoria capitalista visa apenas o lucro, pelo que pretende incutir nas pessoas a produção de necessidades ilimitadas, inclusive já dizem que a Economia do Conhecimento e a Globalização é a busca de novos mercados em virtude da saturação dos mercados anteriores, apoiada nas técnicas conhecidas. Outra teoria falsa.

Economia: Estrutura de uma comunidade baseada na satisfação de necessidades constantes, incluindo a receita para necessidades constantes (básicas e urgentes ou não), a poupança (para necessidades futuras e imprevisíveis) e o investimento determinado lucro-público (juros do investimento privado ou poupança de reserva). Há três a níveis de necessidades: 1- Necessidades básicas e urgentes a curto prazo, 2- Necessidade futuras e imprevisíveis; 3- Necessidades de bem-estar; 4- Necessidades supérfluas. De entre estes níveis apenas a última se pode considerar ilimitada e a penúltima uma necessidade semi-ilimitada. Logo, quando falamos em necessidades ilimitadas referimo-nos aos capitalistas e à riqueza ilimitada.

Tempo: Esforço ou custo que medeia entre o início e o fim de uma acção.
Utilidade: Nível de rentabilidade ou de satisfação que obtemos do uso das coisas.
Qualidade: Nível de Utilidade (esperado ou adquirido).
Gráfico da Qualidade: Gráfico que demonstra a utilidade face ao preço e quantidade distribuída (menor preço + maior quantidade distribuída = mais utilidade). Equação: $Px + Qx = Ut$.

Vida: semi-infinito que inclui a capacidade de idealização, seguida da capacidade de realização, capacidade de transformação (período evolucionista) e por fim a capacidade de utilização.

A capacidade que os homens têm de satisfazer as suas necessidades chama-se Realização e Transformação da qualidade.

Propriedade privada: A Propriedade privada pessoal (integridade pessoal e bens adquiridos em necessidades constantes), a propriedade privada colectiva (associações sem fins lucrativos) e a propriedade privada pública (as empresas).
Igualdade social: sistema de classes sociais derivadas da capacidade e liberdade individuais, determinadas pelo salário igualitário (Salário Mínimo, Médio e Máximo dependendo da idade/capacidade do cidadão).

111

Realidade certa, certeza, (não é imaginário, ver as coisas como elas de produzem, versus idealismo e subjectivismo), realeza, sentimento governativo pela certeza ou convicção na gestão.

Rei, o responsável pela gestão real de um território, poder real, imparcial, baseado na defesa e segurança do desenvolvimento natural, num território .

Pluralismo, critérios diversificados na aplicação do Direito, fundamentação dispersa.

Razão, fundamento sistemático, baseado na certeza.

Tempo, esforço ou custo que medeia entre o início e o fim de uma acção.

Liberdade, direito de optar apenas pela ausência de prejuízo efectivo de si mesmo ou de outrem, porque a sociedade é indivisível (não se pode separar sob pena de criação de fontes de consequência primária que levam à sissomia).

Verdade, invariável da realidade, da razão, da liberdade e da utilidade como elementos únicos aplicados, em suma: objecto do bem, procura da utilidade, do ser pelo ser, ausência de prejuízo efectivo, aceitação, contributo ("Eu sou a Verdade" – sou contributo voluntário ou involuntário). Para haver certeza não pode haver duas verdades ou a adequação do pensamento ao verificável, uma vez que isso é ser imaginativo e não real, quanto muito ser sincero.

Vontade, condição natural de desejo reflectido, determinação, apetecer, voluntariedade ou intenção, dolo.

Pretensão, acto ou efeito de pretender, de necessitar, de querer, de ter, de utilizar, de prazer (inclui os elementos constitutivos da vontade e da liberdade - escolha, gosto, verdade, mentira, realidade, imaginação, etc.).

Equidade, equilíbrio, reposição e distribuição da justiça, facto a facto, pontos de intervenção.

Dolo e Crime (ver mais à frente a definição certa da palavra crime): Age com dolo quem, representando um facto que preenche um tipo de um crime, actuar com intenção (vontade própria) de o realizar. O tipo de crime referido é o crime ilegal (realizar o facto sem causa que o tivesse determinado, havendo causa anterior (outro acto repreensível ou negligência) não há dolo nem condenação, excepto para o causador (autoria). Muitas vezes é o próprio queixoso, sobretudo quando é funcionário público).

Por isso há dolo se o facto é consequência necessária da conduta do agente. E se existirem dúvidas sobre se a conduta do agente é consequência de si mesmo, só há dolo se o agente se conformar com a realização, isto é, o agente ficaria realizado com a conduta mas se não ficasse realizado é porque não estava consciente do dolo, porventura por ter sido enganado e, assim, determinado a realizar o facto de forma inconsciente ou em legítima defesa.

Dolo não se caracteriza em nada por uma acção em que o agente quis o resultado ou assumiu o risco de produzi-lo, ou a vontade livre e consciente, porque querer tão só um resultado, ou assumir um risco, ou ter vontade e esta ser consciente não é Dolo, é apenas a acção simples. Estas alegações são a prova de falsidade se não forem acompanhadas, antes ou depois, da apresentação da causa do crime imputado. Tal dá direito a queixa-crime de falsidade, abuso de poder e retirada do estado de Direito.

113

Dolo é imputado apenas à culpa, isto é, o agente a causa mais anterior directamente relacionada que terá despoletado o facto denunciado. Se não houver factos antecedentes o denunciado é o culpado. Ora _se o arguido não alegar uma causa, o juíz astucioso, interesseiro ou corrupto, não se referirá na sentença à inexistência de causa, embora a isso esteja obrigado, e condena-o mas em falsidade, abuso de poder e retirada do estado de Direito, ou seja, apenas por ser acto livre, consciente e repreensível. Porque toda a prova obtida por determinação são métodos proibidos de prova._

Culpa é a mesma coisa que dolo?: Culpa é a imputação de um facto ao agente que determinou o facto danoso mais anterior e que, assim, sujeitou terceiros a praticar outros actos repreensiveis mas para sua defesa ou por serem apanhados na sequência daqueles actos. Culpa não é pois a imputação do facto ao agente mas sim a imputação de todos os factos ao autor que os criou ou determinou por acção, omissão ou negligência.

Cabe ao lesado o ónus da prova sobre o autor da lesão e é da responsabilidade do magistrado realizar as diligências necessárias à descoberta do culpado, disponibilizando meios às partes.

Litigante de má-fé: O queixoso que denuncia um facto determinado pela sua conduta, imputando como repreensível um acto praticado por terceiro. A culpa é do queixoso pois deu causa aos factos e a conduta do denunciado não é crime.. Aquele apenas denunciou o facto para se adiantar e, assim, tentar desvirtuar o acontecimento.

Conclusão: Só há uma forma de Dolo, o facto ilegal mais anterior ou iniciado com intenção. E o acto é cometido com intenção quando não haja sido detectada nenhuma causa que o tivesse originado, por exemplo um acto repreensível criado por terceiro, ou então uma contingência ou negligência (facto despoletado por uma casualidade, uma acção natural, impossível de prever, ou então causada por falta de cuidado grosseira).

Nota: Para alem disto só se pode ser condenado por negligência (falta de cuidado grosseira, segundo as circunstancias e nomeadamente os meios ao alcance para sanar o eventual problema). A ter em conta também o erro sobre as circunstancias do facto e o erro sobre a ilicitude (ver artigos 16º e 17º do Código Penal).

Etimologia (na 1ª fase da verdade relativa) 11/13:

O Dolo Eventual, Dolo Directo ou de primeiro grau e o Dolo indirecto ou de segundo grau são formas de culpa inexistentes e portanto uma grande fraude, porque culpa só há uma e os danos, directos ou laterais, são sempre imputados à culpa e não aos seus determinantes.

Em suma, o juiz é obrigado pelo Código de Processo Penal a referir e provar claramente na Sentença se houve ou não causa do crime, indicando onde se encontra o crime legal e o ilegal (algo que o tivesse determinado, alguém com uma conduta repreensível feita antes da que está a ser julgada), por exemplo a continuação de um crime depois de ter sido feita uma denúncia, em que a culpa é dos agentes que não actuaram e não do agente que cometeu os factos, sendo apenas julgado pelos factos até à primeira denúncia. Por isso é que o Processo Casa-Pia é uma falsidade, uma vez que estarão envolvidos magistrados ou polícias na ocultação dos factos aquando da primeira denúncia. Tal permitiu o crime continuado até á data.

Dolo é sempre dolo, seja ele consciente e se deseje o resultado criminoso (**dolo directo**), ou se assuma o risco de gerar o primeiro acto prejudicial através da falta de cuidado ou como tentativa (**dolo indirecto ou eventual**). Para que haja dolo directo todos os factos de um determinado caso têm de ter uma autoria ou causa mais anterior directamente relaccionada.

Enquanto num despacho de acusação ou sentença não estiver indicada a prova da existência ou inexistência de factos antecedentes aos factos denunciados, não é provado o dolo directo nem indirecto, sendo tais documentos uma falsificação.

Na sentença, se o queixoso for considerado o culpado, em razão de conduta repreensível anterior à conduta do denunciado, é ele o condenado e a pagar indemnização ao denunciado.

Convicção: Certeza do dolo através da autenticação do crime ilegal, pela prova verificável (a convicção não é a ideia pessoal do juiz mas sim a certeza da culpa). A convicção está relacionada com o processo e não com a ideia de uma pessoa e muito menos de um juiz.

73

<u>Etimologia (na 1ª fase da verdade relativa) 12/13:</u>
Crime: A palavra crime isolada não tem qualquer significado ou sinónimo. Tem de referir se é crime ilegal ou legal.
Crime legal: Acto repreensível mas causado por terceiro (acto astucioso) ou ao acaso (naturalidade, contingência). Nesta tipologia não há condenação.

Definição geral da palavra crime: Todo o acto penalmente previsto, contra direito e com prejuízo material ou moral efectivos (como prevenção, especialmente da negligência e actos do funcionário).
O Processo Penal não se destina a criar um culpado mas sim a identificar o culpado.
Definição certa da palavra crime, em processo-penal: De forma a prevenir a prática de crimes e a decidir sobre as medidas de segurança a aplicar depois do conhecimento de um crime, e também para delimitar a fundamentos da acusação, para que esta seja real e certa, <u>crime deve ser considerado apenas o acto penalmente previsto, contra direito, com prejuízo material ou moral efectivos e quando praticado ilegalmente (o crime é ilegal quando o acto é praticado em primeiro lugar na hierarquia dos factos que compõem o semi-infinito de um caso - os factos relevantes de todo o caso apresentados por ambas as partes), e, portanto, em nexo de causalidade inicial com todos os factos seguentes. Em suma, no processo penal, crime é todo o facto praticado sem causa de necessidade e sem causa de legítima defesa.</u>

De facto, um crime é legal quando, apesar de ser previsto na lei, é praticado contra o eventual direito do agressor e em segundo lugar, como consequência de outro acto praticado contra o direito protegido ou o direito maior, designadamente o direito verdadeiro e sem culpa. Por isso é que se pode dizer que a identificação ou definição de um crime identifica em paralelo o direito maior. Ou seja, o crime é uma lei mas só se torna direito mediante a inocência. A inocência tem de ser identificada na fase de inquérito, de forma a acusar apenas os autores e não as vítimas.

Para efeitos da definição de ilegalidade, é o facto praticado contra os filtros da justiça (a razão e a verdade). Portanto ilegalidade não é tão só a prática de um facto ilícito como diz o dicionário, mas apenas o facto repreensível praticado em primeiro lugar, e, portanto, em nexo de causalidade inicial com todos os outros factos seguentes, contra o direito legítimo por ser este a função igualitária da vida que a todos diz respeito e que a todos beneficia (a razão e a verdade).

A palavra ilegalidade vem de lei, ora se a lei não é efectivamente direito, nem justiça e nem verdade, quanto muito uma razão, jamais pode ser considerada a garantia da igualdade (está errado o artigo 13º, nº 1 da Constituição). 79

Testemunha: Tão só a pessoa que tem conhecimento directo dos factos e que estes constituam objecto da prova, ou seja, tem de depor sobre os factos e prova material relacionados com o acontecimento, não podendo por isso ser testemunha quem tiver participado nesses factos ou quem tiver qualquer interesse nos mesmos. Quem tiver algum interesse ou participado nos factos, isso não é ter conhecimento directo mas sim ser agente nos factos (arguido, assistente ou colaborador do MP). Quando se detecte que determinada testemunha é afinal um dos agentes, ou então se estiver a mentir, é retirado o estatuto de testemunha e passa a ter a faculdade de assistente, colaborador ou arguido). Nenhuma testemunha pode ser usada como prova de acusação, porque só se pode ser acusado através de prova documental ou confissão, por exemplo quando se é confrontado com o apontamento das testemunhas e não há outra saída senão confessar.

Em Portugal magistrados do MP e Juízes falsificadores costumam usar como prova testemunhal os próprios funcionários públicos e os agentes de autoridade quando, no desempenho das suas funções, presenciam ou tratam de algo relacionado com os factos denunciados. Ora, a prova feita nestes moldes é falsa, deve servir apenas como último recurso e não como prova directa (esta prática é uma manipulação do processo penal). Estas pessoas podem ser arroladas ou requeridas apenas como assistentes ou colaboradores do MP e nunca como testemunhas, quer no Despacho de Acusação e quer na Sentença. Aliás, tal situação nem sequer está prevista no CPP.

Arguidos: O queixoso e o denunciado de um facto conhecido pela justiça. No semi-infinito de uma caso ambas as partes são arguidas para obrigar à <u>responsabilidade preventiva</u> e também para garantir a igualdade de tratamento (artigo nº 13 da Constituição da república Portuguesa – um dos casos de condição social) porque inicialmente não se sabe quem terá praticado o crime ilegal.
Actualmente "arguido" é apenas a parte denunciada ou sobre a qual recai a certeza de ir ser condenado, precisamente porque existe a intenção de, no início dos processos, criar um vício de forma a aplicar a culpa ao inocente, por essa ser a forma mais fácil dos magistrados e funcionários de justiça obterem dividendos (corrupção) ou proteger os seus familiares que no exterior praticam inúmeros actos repreensíveis.

Quando o agente sabe que é inocente deve recusar prestar declarações e, na Contestação, explicar os factos desde o início, apresentando a prova de o facto ter sido determinado pela conduta do queixoso e não por voluntariedade ou intenção do próprio arguido.

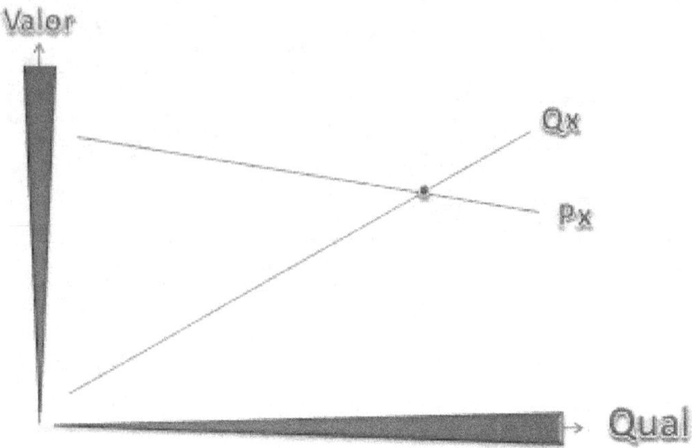

A curva da "utilidade/preço" e a curva da "utilidade/quantidade distribuída" representam a Qualidade (nível de utilidade, esperado ou adquirido).

A *Lei da Utilidade Essencial* diz que a utilidade aumenta com um preço que promova a elasticidade dos rendimentos mas dentro dos limites da qualidade, porque permite a liberdade de escolha agregada e o aproveitamento pelos cidadãos interessados na utilidade (os preços altos para originar lucro imediato são atingidos normalmente como demonstração de poder e egoísmo). Um preço mais elevado limita a compra dos bens a curto prazo (poder de compra/versus utilidade) e por isso reduz a responsabilidade e saberes mais produtivos. O objectivo da produção é manter a demanda constante para favorecer a economia global do País e não os desejos do lucro rápido e ilimitado, posteriormente com o abaixamento gradual dos preços.

Qualidade, é o grau de utilidade esperado ou adquirido de qualquer coisa, verificável através da forma e dos elementos constitutivos do mesmo e pelo resultado do seu uso.

Em economia, a utilidade, é o grau de rentabilidade ou satisfação que obtemos do uso das coisas, uma medida de satisfação relativa a um agente da economia. A análise da sua variação permite explicar o comportamento que resulta das opções tomadas por cada agente para aumentar a sua satisfação.

Publicado na Wikipédia em Português:
https://pt.wikipedia.org/wiki/Qualidade
https://pt.wikipedia.org/wiki/Utilidade_(economia)

Autor: Miguel António Meireles Calejo
Aldeia de Paio Pires, concelho de Seixal - distrito de Setúbal

É importante conhecer estas ideias inicialmente e depois compará-las com as alterações introduzidas no final do curso, para verificar a evolução da produção de conhecimentos, quanto aos objectivos declarados na entrevista durante o exame de ingresso, relativa ás motivações do candidato.

* * * *

ESTA PRODUÇÃO DE CONHECIMENTO
TEVE COMO FONTE OS ESTÍMULOS DOS PROFESSORES.

As Ciências agradecem,
COM ENORME ESTIMA ME LIBERTO

CALEJO, Miguel – Estudo para Tese do Direito Universal. 11/10/2008
UAL, Aluno Nº 20080669 (1ª Ano, Direito, Turma A).

miguel.ual@sapo.pt

120

FIM

www.ingramcontent.com/pod-product-compliance
Lightning Source LLC
Chambersburg PA
CBHW070717250726
48662CB00001B/455